◎专栏艺评家刘晓丹指点艺术品市场迷津

刘晓丹,男,1971年生,祖籍山东

首都师范大学美术史论硕士,师从吴明娣

从事当代美术与艺术市场研究,近年应邀为多家报刊开设专栏,颇得业内人士好评

2007年,为北京《艺术与投资》杂志撰写专栏"刘晓丹品读"

2008年,为该杂志撰写专栏"封面人物",并担任《东方艺术·财经》杂志特约评论员

2009年始,为杭州《美术报》撰写专栏"晓丹市评"

2010年始,为上海《休闲·顶层》杂志撰写专栏"晓丹市点"

2006年至2011年10月,已在《艺术市场》《中外文化交流》《艺术与投资》《收藏》《收藏界》《东方艺术》《顶层》《美术报》等发表艺术市场述评、画家个案研究、市场数据分析150余篇

其中数篇热点文章,被"雅昌艺术网""今日艺术网""新华网"等媒体转载1000余篇次

现任教于鞍山师范学院

用经济学打开艺术品投资问号　理性投资把握艺术品生财之道
48 MISUNDERSTANDINGS IN THE ARTWORK INVESTMENT

艺术品投资的48个误区

刘晓丹 ◎ 著

经济日报出版社

序言

洞察艺术品市场　助力艺术品投资

　　去年此时，我曾应邀为中国艺术研究院主办的《美术观察》写过一篇文章，题目叫《艺术市场学的困境及其反思》，谈的是我对艺术市场学研究与艺术品市场实践相脱节的"两张皮"现象的不满和反思，并提出了自己的思路：从研究艺术市场入手解决艺术市场问题。时隔一年后，回过头再看，问题依旧在，并无甚改观。直到我有幸拜读到了刘晓丹先生的书稿《艺术品投资的48个误区》。

　　洞察艺术品市场的宝典，助力艺术品投资的秘笈——倘若要我用一句话来总结对《艺术品投资的48个误区》一书的印象，我会选这20个字。不是广告，亦非吹捧，这实在是我的真实感受。这本书为什么如此重要？且听我将缘由一一道来。

　　随着中国第五次"收藏热"的来临，中国艺术品市场也迅猛发展起来。根据文化部文化市场司组织编撰的《2010中国艺术品市场年度报告》公布的数据，2010年中国艺术品市场交易总额为1 694亿元。作为一个对照，根据国家广电总局电影局新闻通气会公布的数据，2010年中国城市影院总票房刚刚过百亿元大关（约为102亿元）。我们过去常说，收藏是小众陶冶性情的文化活动，电影是大众喜闻乐见的娱乐样式。但从今天的情况来看,问题已不是如此简单。

既然是谈书,便以书为例。"收藏热"在图书出版领域的反应,就是数量繁多的收藏类图书不断问世。2003年,我写《收藏投资的理论与实务》(浙江大学出版社2004年出版)时曾做过不完全统计,自上个世纪90年代以来,10余年间出版的收藏类图书就有近千种之多。最近10年,随着艺术品市场的日渐火暴,收藏类图书的出版数量更是与日俱增。概而言之,这些图书可分为四大类:第一类是以瓷器、玉器等某种艺术品为对象分门别类介绍相关知识,例如,浙江大学出版社从2004年开始推出的"中国艺术品收藏与投资丛书",中国水利水电出版社从2005年开始推出的"中国艺术品投资与鉴宝丛书";第二类是以收藏者的个人收藏经历为基础和线索的个人经验总结,例如,张信哲先生写的《玩物哲学》(新星出版社2005年出版),蔡康永先生和陈冠宇先生合著的《艺术里的金钱游戏》(湖南文艺出版社2011年出版);第三类是针对某一时间段的艺术品市场研究报告,例如赵力先生主编的《中国艺术品市场研究报告》(湖南美术出版社从2007年开始出版),西沐先生主编的《中国艺术品市场白皮书》(中国书店出版社从2009年开始出版);第四类是系统研究艺术品市场和艺术品投资的专著和教材,例如,章利国先生写的《艺术市场学》(中国美术学院出版社2003年出版),拙作《收藏品投资》(经济科学出版社2010年出版)。

遗憾的是,就我的阅读经验而言,相当一部分收藏类图书都不同程度地存在流于表面、深度不足,甚至有东拼西凑、错漏百出的问题,更遑论对相关问题的规范性和学术性研究,由此导致的直接结果就是不少观点和结论的随意性、误导性和危害性都非常之大。从现象到现象,就事实论事实。读者既看不到现象背后的规律,也找不到解释事实的理论。这样一来,不仅无助于中国艺术品市场的发展,甚至有碍于中国艺术品市场的繁荣。就目前的艺术品市场研究而言,至少存在两大问题:

第一,从研究方法来看,研究方法比较单一,研究方法不够规范,研究范式尚未形成。由于研究艺术品市场的学者背景和学术训练以人文学科居多，因此，艺术品市场领域的研究方法主要局限于综合研究和定性分析，定量分析则很少见。不仅如此，许多定性研究严格来讲并不规范：随意性较强，逻辑性欠缺。这就直接导致了艺术品市场研究虽然以定性研究为主，但其实并没有充分体现出规范的定性研究所具有的研究优势，对一些重要而基本的理论问题长期未能达成共识。因为艺术品市场的实证研究方法主要局限于定性研究，这就很难对中国艺术品市场的发展状况有一个比较准确的量化描述，从而不利于了解中国艺术品市场的真实现状和存在问题，也不能够为中国艺术政策的制定提供准确的依据。《艺术品投资的48个误区》一书则从现代经济学的视角出发，从中国艺术品市场的真实案例入手，对关键问题进行了解读和剖析，并辅之以统计数据加以分析和论证。更为人性的是，该书还设有"延伸阅读"部分，对相关概念和现象做了进一步地解释和说明。这种以读者为中心的写作方式，是绝大多数收藏类图书缺乏的。

第二，从研究内容来看，研究主题高度集中，前瞻性的研究不多，解释力强的成果少。根据艺术品市场领域研究文献的性质，艺术品市场研究可以分为两大类别：基础理论研究和应用理论研究。侧重基础理论研究的学者比较重视艺术品市场的理论建构和学理反思，而侧重应用理论研究的学者则比较关注现实问题。从目前的情况来看，艺术品市场研究还是以应用理论研究为主。但在艺术品市场的应用理论研究方面，除了存在研究主题高度集中于热点的问题外，还存在流于描述现象，缺乏深度分析的问题，很多具有重大理论价值和明显现实意义的问题长期得不到合理的解答，前瞻性、创新性和突破性研究更是凤毛麟角。最为严重的是，艺术市场学研究与艺术品市场实践相脱节的"两张皮"现象依然十分突出，真正具有跨学科和跨领域特色的综合性研究成果很少。不能够直面市场现象，而以先入之见指点市场，当然只能是隔靴搔痒，不能很好地对症下药。这不仅制约了应用理论研究的深度，而且影响了艺术品市场理论的建构。《艺术品投资的48个误区》一书则具有鲜明的问题意识，直面艺术品市场现象，找到了将理论与实践有机融合的"结点",对艺术品价格评估、艺术品买家心态、艺术家创作行为、艺术品营销手段和艺术品投资前景等问题都进行了深入探讨,既理清了问题的来龙去脉,又有的放矢地剥茧抽丝,还为读者提供了应对之道。这就使得该书的可读性非常强。

作为中国艺术品市场的重要意见领袖,刘晓丹先生的许多观点都已在学界和业界产生了很大影响。他两年多来的心血结晶《艺术品投资的48个误区》更是一部洞察艺术品市场的宝典,助力艺术品投资的秘笈。我相信,各位看官都将从中深受启发,获益良多。

是为序。

马健 谨识
辛卯深秋,时客杭城

马健现为北京大学文化产业研究院副研究员,中央财经大学拍卖研究中心兼职研究员。

前言

艺术品市场的"利来利往"

　　自古至今，艺术品买家的心态大致可分为两类。

　　一类买家是为了雅玩。在古代，帝王是最大的艺术品玩家。比如，唐太宗以重金购求王羲之书迹，唐玄宗专设"集贤院"征集书画，清乾隆内府尽收民间艺术佳品。其次的艺术品玩家是贵胄官绅、名儒大贾。比如，元代江南三大艺术赞助人之一的倪瓒，建三层"清秘阁"藏名画法书；民国丝业巨富庞元济，设藏画室"虚斋"，编辑《虚斋藏画录》20余卷。当然，能拥有雄厚权势或财力拿艺术品"雅玩"的，相当稀少。如今，真正以艺术作"乐"当"玩"的，更不多见。

　　另一类买家是为了取利。唐代，内府及私人庋藏成风，不惜高价抢购书画，催生了"手揣卷轴，口定贵贱"的专业书画商。当时多数的民间书画购藏，是用以进献权贵获取仕途。在皇室尚文、文臣当道的宋代，不仅出现了专门经纪书画的"牙侩"，自觉投资书画古玩、从中牟利者更加多。如今，好像每样东西都在变成商品，每个人都在追求利益最大化。往艺术品市场趋之若鹜的，无疑逐利者居多。

　　中国近年艺术品市场火暴的原因，是它被当成与房市、股市相并的第三大投资市场。

　　就总量而言，艺术品市场似乎微不足道。比如在中国艺术品拍卖市场强劲增长的2007年，年交易额为236.94亿元；而同年5月的中国股市，仅日成交量就超过4 000亿元。前者比后者千不足一。但就人气而言，艺术品市场比股市有过之无不及。也在中国股市最为踊跃的2007年，沪深两市股民总数为7 000万（其中包括空账户和休眠账户），而同年全国涉足收藏者同样达7 000万人。显然，在"钱堆"不是很大的艺术品市场里，汇聚了非常大的"人堆"。

看待艺术品市场中的逐利，完全用艺术的眼光和艺术学的方法肯定不行。

既然是市场，最好还是用些经济的眼光。《史记·货殖列传》中说："天下熙熙，皆为利来，天下攘攘，皆为利往"，坦然地从"利"的角度去理解艺术品和艺术品市场，会是一件非常"有利"的事情。不过，将"熙熙攘攘之利"说得很透彻的，要数西方经济学。西方经济学的最核心思想是"经济人"，西方人用这个发明，打开了经济领域内外的无数个问号。拿它点拨今天艺术品投资的一些迷雾，自然不在话下。

笔者自2009年5月起，应邀为国内美术类第一大报《美术报》鉴藏版撰写专栏"晓丹市评"。2年多来共成文50余篇，旨在用经济学基本原理破解艺术品市场热点问题，提示艺术品投资误区。它们深得读者厚爱，相继被"雅昌艺术网"、"今日艺术网"、"新华网"等媒体转载600余篇次。本书正是以这些文字为基础扩充整合而成，以飨广大艺术品投资者。

所谓"君子爱财，取之有道"，愿此书也成为艺术品投资者取财的一"道"。

相关资料链接：

1　倪进《中国古代书画艺术市场史考》《南京理工大学学报（社会科学版）》2007-05
2　成乔明，李向民《中国古代艺术市场探幽》《理论月刊》2007-10
3　马学东《当代艺术调整剧烈缩水50%：秋拍行情代名词》《上海证券报》2008-12-21
4　佚名《中国收藏市场有多大》中财网 2008-02-27

目录

序言　洞察艺术品市场　助力艺术品投资
前言　艺术品市场的"利来利往"

第一章　解开艺术品产业谜团 ……………………………………… 1

1　艺术品拍卖成交价，为什么很难与估价一致 …………………… 3
　　☆延伸阅读：理性人 …………………………………………… 6
2　当代艺术价格暴涨，为什么不是因为资源稀缺 ………………… 7
　　☆延伸阅读：中国当代艺术作品外流 ………………………… 10
3　艺术品价格涨跌，为什么与"板块轮动"有关 ………………… 12
　　☆延伸阅读：油画市场的板块 ………………………………… 16
4　艺术品价格，为什么具有"金字塔"结构 ……………………… 18
　　☆延伸阅读：徐悲鸿的《奴隶与狮》 ………………………… 21
5　艺术品市场的未来，为什么很难测准 …………………………… 22
　　☆延伸阅读：预期的自我实现 ………………………………… 25
6　当代绘画市场，为什么有"时装"也有"名表" ……………… 27
　　☆延伸阅读："虚荣圈"的层次 ……………………………… 29
7　复制型艺术品，为什么前景堪忧 ………………………………… 30
　　☆延伸阅读：厦门油画业的"寒冬" ………………………… 32
8　艺术品价格暴涨，为什么投资总收益未必大增 ………………… 33
　　☆延伸阅读：艺术品是高收入者的主要消费品种 …………… 35

第二章　洞悉艺术品买家心态 …… 37

9 "马未都传奇",为什么难以重演 …… 39
　　☆延伸阅读：资源的稀缺性 …… 41
10 冷门艺术品种,为什么也可以走热 …… 42
　　☆延伸阅读：攀比效应 …… 46
11 大众投票,为什么是投资者的好参谋 …… 47
　　☆延伸阅读：浙派画家评选 …… 49
12 艺术品的消费时代,为什么尚未到来 …… 50
　　☆延伸阅读：人均GDP与社会行为 …… 52
13 不同类型艺术品,为什么投资价值迥异 …… 54
　　☆延伸阅读：买得起的艺术 …… 57
14 假拍盛行,为什么不只是拍卖行惹的祸 …… 59
　　☆延伸阅读：私募基金和拍卖行的假拍 …… 61
15 回流艺术品,为什么不是普遍优质 …… 62
　　☆延伸阅读：羊群效应 …… 64
16 "尤伦斯清仓",为什么没有重创国内当代艺术市场 …… 65
　　☆延伸阅读：尤伦斯 …… 67

第三章　透析艺术家创作行为 …… 69

17 官办画院,为什么可能成为"国有企业" …… 71
　　☆延伸阅读：中国画院体制 …… 73
18 "沉没成本",为什么是职业画家的门槛和壁垒 …… 75
　　☆延伸阅读：沉没成本 …… 78
19 "学院画家",为什么在市场获利最大 …… 79
　　☆延伸阅读：八大美院 …… 81
20 面对市场暴利,为什么当代艺术家心态平和 …… 83
　　☆延伸阅读：张晓刚谈市场 …… 86
21 艺术家创新的真实理由,为什么在艺术之外 …… 87
　　☆延伸阅读：齐白石"衰年变法" …… 89
22 另类装扮,为什么受一些画家喜爱 …… 91
　　☆延伸阅读：方力钧的光头营销 …… 93

目录

23 中国的画家直销模式，为什么不全行得通 ·················· 95
　　☆延伸阅读：公寓时代与大工作室时代 ··················· 97
24 吴冠中创造的"社会福利"，为什么最大 ·················· 98
　　☆延伸阅读：吴冠中与天价 ··························· 100

第四章　看穿艺术营销秘密 ································ 103

25 中国艺术品拍卖行，为什么距离"垄断寡头"很远 ······· 105
　　☆延伸阅读：佳士得拍卖行 ··························· 107
26 拍卖市场，为什么可能陷入"公地悲剧" ·················· 108
　　☆延伸阅读：英式拍卖 ······························· 110
27 "拍后拒付"，为什么让拍卖行苦不堪言 ·················· 111
　　☆延伸阅读：圆明园兽首拒付 ························· 113
28 "中拍协"行规，为什么难治行业乱象 ···················· 114
　　☆延伸阅读：中拍协《公约》 ························· 116
29 "理性定价决策"，为什么可以规避委托拍卖骗局 ······· 118
　　☆延伸阅读：正规拍卖流程 ··························· 121
30 "代理制"画廊，为什么在国内步履艰难 ·················· 122
　　☆延伸阅读：画廊捧红画家难赚钱 ····················· 124
31 画廊经营，为什么存在"价格歧视" ······················ 126
　　☆延伸阅读：画廊"四价值"理论 ····················· 128
32 "新锐"画家，为什么被画廊看好 ························ 129
　　☆延伸阅读："80后"画家 ···························· 131

第五章　把握艺术品投资前景 ································ 133

33 艺术品成为"真正的资产"，为什么很难 ·················· 135
　　☆延伸阅读：金钱的时间价值 ························· 138
34 艺术品"份额化"，为什么不是摇钱树 ···················· 139
　　☆延伸阅读："艺术品股票"的申购 ····················· 141
35 中国艺术品需求，为什么可能随时爆发 ·················· 143
　　☆延伸阅读：荣宝斋 ································· 145
36 用4 000万双新鞋换1只旧瓷瓶，为什么划算 ············ 146
　　☆延伸阅读：清乾隆粉彩镂空瓷瓶 ····················· 148

37 当代画家的作品资源，为什么要适时开采 …………… 149
　　☆延伸阅读：方力钧谈市场 …………………………… 151
38 艺术品金融化，为什么是一场豪赌 …………………… 153
　　☆延伸阅读："艺术品金融化"与宏观调控 …………… 155
39 私立博物馆，为什么大有可为 ………………………… 157
　　☆延伸阅读："西安宣言" ……………………………… 161
40 民营美术馆，为什么生存不易 ………………………… 162
　　☆延伸阅读：中国部分民营美术馆 …………………… 164

第六章　顺应艺术市场复杂环境 …………………………… 167

41 艺术品质押，为什么是艺术品市场风向标 …………… 169
　　☆延伸阅读：金缕玉衣骗贷案 ………………………… 171
42 艺术品捐赠，为什么在发达国家盛行 ………………… 173
　　☆延伸阅读："要给捐赠者最高礼遇" ………………… 175
43 取消价格上限，为什么促成了古代书画的暴涨 ……… 176
　　☆延伸阅读：股票买便宜的，艺术品买贵的 ………… 178
44 艺术品造假，为什么遍及古今 ………………………… 180
　　☆延伸阅读：陈丹青谈假画 …………………………… 182
45 吴冠中的"打假之道"，为什么值得借鉴 …………… 184
　　☆延伸阅读：《吴冠中全集》 ………………………… 188
46 虚假鉴定，为什么频频现身 …………………………… 189
　　☆延伸阅读：混乱的艺术品鉴定 ……………………… 191
47 市场化的美术批评，为什么可能失效 ………………… 192
　　☆延伸阅读：美术批评乱象 …………………………… 194
48 艺术品市场立法，为什么难以根治顽疾 ……………… 195
　　☆延伸阅读：中国艺术立法 …………………………… 197

附录　刘晓丹发表主要论文 ……………………………………… 198
后记 ……………………………………………………………… 204

第一章 解开艺术品产业谜团

（元）王蒙《稚川移居图》立轴设色纸本 2011年6月4日在北京保利以40 250万元成交

艺术品拍卖成交价，为什么很难与估价一致

☆ 认识误区之1："艺术品拍卖成交价，不会与拍前估价相差太远"
☆ 投资必备要诀：不要受估价误导，也不要对估价视而不见。
☆ 阅读关键词汇：成交价·估价·误导·理性·冲动

在高端艺术品拍卖中，有两个至关重要的数据：成交价和估价。一般而言，"成交价"是指拍卖师在拍场敲定的落槌价与佣金之和，大多会在拍卖结束后对外公布；"估价"是指拍卖行在艺术品拍卖之前预估的价格区间，大多在拍品图录上标注。旁观者通常比较关注成交价，对估价不大注意。但对于投资者，二者都很关键，他们会在竞买之前将估价作为自己出价的参考。拍卖公司的"估价"，是由具有丰富经验的权威人士确定，所以按常理，成交价应该与估价相近，至少不会相差太远。

事实果真如此吗？

艺术品市场理论家马健在《收藏品拍卖学》一书中，曾对此做过专门论述。他选取"朵云轩1993～2002年书画拍卖成交价前100名目录"作样本，发现其中成交价位于估价区间的仅有19件，不足总量的20%。笔者经统计也发现，类似的情况比比皆是。例如，在吴冠中作品拍卖成交价前90件中，成交价位于估价区间的仅有14件，不足总量的17%。再如，刘小东的2000～2010年174件成交作品中，成交价位于估价区间的仅有52件，占总量的三成，成交价高于估价的达88件、占总量半数强。（详见表1-1）

成交价与估价为什么偏差如此巨大？

一方面，是出于拍卖公司的无奈。评估当前拍品价格的重要参照，是以往的成交记录，尤其是最近一次成交价。但是，高端艺术品市场的拍品大多很珍稀，相似拍品出现的机会并不多，经常找不到相关的依据。这时，估价者就只能在掌握有限信息的情况下，自由发挥。

另一方面，是出于拍卖公司的故意误导。因为拍卖前的估价可以对竞买者产生心理暗示，影响其竞买决策，而拍卖公司收取的佣金又直接跟成交价挂钩，他们自然希望成交价越高越好。为了切身利益，拍卖公司的估价有时就会偏高。另外的情形更为恶劣。艺术品市场理论家夏叶子在《艺术品投资学》一书中指出，一些不规范的拍卖公司为达成交易，会迁就买卖双方暗箱操作。它们事先与买卖双方约定真实的成交价和佣金，然后在拍场表演，虚拍到很高的价格给别人看。为了掩人耳目，他们有时也会尽量提高估价。

出现偏差的更重要原因，则是"理性评估"和"冲动竞买"之间的巨大反差。

在经济学中，有一个关于人类经济行为的基本假定——"理性人"，它是假定经济活动的所有参与者都充满智慧、精于判断和计算。"理性人"既不会感情用事，也不会轻信盲从，他们具有完全的理性，可以做出让自己利益最大化的选择。"理性人"有两个重要特征：其一，了解自己的偏好，明确自己的目的，对经济生活中的任何变动都能做出独立选择；其二，经济行为都是有意识的、理性的，不存在经验型和随机型的决策。

经济学假定"理性人"，是想从影响人们经济行为的众多复杂因素中，抽出基本要素，并据此预测人们的经济行为。其实，除了前述的"自由发挥式"和"弄虚作假式"估价，艺术品拍卖行的大多数评估还是力求客观准确的。估价者的依据，既包括作品本身的属性，也包括当前市场的行情等，他们所做的，正是"理性人"式的独立理性选择。

但在拍场上，竞买者却很难做到完全地理性。

马健举过一个生动的案例：在1993年的某次拍卖会上，买家面对一件估价为3 500～4 000港元的汪精卫书法，举牌踊跃，当价格飙升到4万元之后，仍有两位竞价者互不相让，直到以22万元落槌。有趣的是，成功的买受人在签署确认书时，一脸沮丧，因为价格大大超出了他的预计。该成交价高达估价的50余倍，纪录保持了10年之久。我们看到，拍卖会上经常有惊心动魄的竞价场面，经常产生不可思议的天价，当然，也经常有估价不高的精品黯然流拍。究其原因，许多与此同出一辙。难怪，不少专家都告诫竞买者："进入拍场之前，先要给自己定一个价格上限。"

竞买者在进入拍场之前确定了价格上限,一定就会理性竞拍吗?

也很难。比如前几年,当代艺术价格一路疯涨,吸引了大量投资者入场。尽管很多人已经意识到泡沫的存在,但在巨大涨幅的诱惑下,仍有人铤而走险。在集体的市场狂欢中,再大胆的估价都可能轻易被突破,在"只要买就赚"的逻辑里,有多少人能够理性地控制自己呢?不过,话又说回来,如果拍场上都是"理性人"、全部失去冲动,那么拍卖也就失去了巨大的魅力。

表1-1　刘小东作品2000~2010年拍卖成交价与估价比照（单位：件；数据来源：雅昌艺术网2011-10）

年份	2000	2001	2002	2003	2004	2005	2006	2007	2008	2009	2010	总计
高于估价件数及比重	0	0	1	1	1	21	24	22	4	3	11	88
	0%	0%	33%	100%	100%	95%	48%	61%	17%	43%	44%	50.6%
合于估价件数及比重	1	0	2	0	0	1	15	9	10	4	10	52
	50%	0%	67%	0%	0%	5%	30%	25%	43%	57%	40%	29.9%
低于估价（含流拍）件数及比重	1	4	0	0	0	0	11	5	9	0	4	34
	50%	100%	0%	0%	0%	0%	22%	14%	39%	0%	16%	19.5%
总计上拍件数	2	4	3	1	1	22	50	36	23	7	25	174

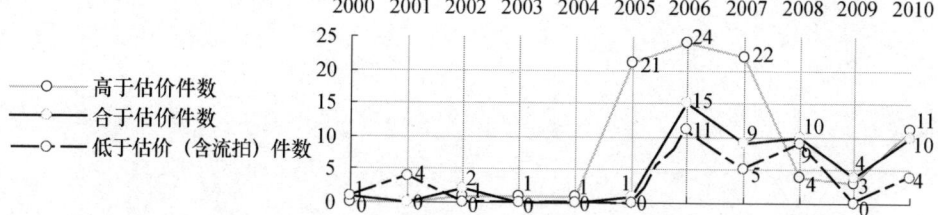

图1-1　刘小东作品2000~2010年拍卖成交价与估价比照

相关资料链接：

1　徐明怡《艺术品拍卖市场上的黑幕》《东方早报》2004-11-24

2　陈裕亮《张忠义：投资艺术市场需要理性》人民网2008-05-20

3　夏叶子《艺术品投资学》水利水电出版社2005年版

4　马健《收藏投资学》中国社会科学出版社2007年版

☆ 延伸阅读：理性人

"理性人"假设，是假设作为经济决策的主体都充满理智，既不会感情用事，也不会盲从，而是精于判断和计算，其行为是理性的。所谓"理性人"就是会计算、有创造性、能寻求自身利益最大化的人。

在经济活动中，"理性人"所追求的唯一目标是自身经济利益的最优化。如消费者追求满足程度的最大化，生产者追求利润的最大化。"理性人"假设是对亚当·斯密"经济人"假设的延续，是对经济生活中的一般人的抽象。"理性人"的特征之一是自私，即人们的行为动机是趋利避害，是利己的；之二是完全理性，即每个人都能够通过"成本－收益"原则，对所面临的一切机会和目标以及实现目标的手段，进行优化选择。

"理性人"具备完全的信息和理性，能够找到实现目标的所有备选方案，并预见这些方案的实施后果，然后依据某种价值标准做出最优选择。具体而言，第一，"理性人"具有关于他所处环境的知识，这些知识即使不绝对完备，至少也相当丰富，相当透彻。第二，"理性人"具有稳定和条理清楚的偏好。第三，"理性人"有很强的计算能力，能算出每种选择的后果。第四，"理性人"能使其选中的方案达到其偏好尺度的最高点，即总是选择最优。

（摘自"MBA智库百科"http://wiki.mbalib.com/wiki/）

当代艺术价格暴涨,为什么不是因为资源稀缺

☆ 认识误区之2:"资源稀缺导致了当代艺术价格暴涨"
☆ 投资必备要诀:值得投资的艺术,是未来可能被"短缺"的艺术,而不是稀缺的艺术。
☆ 阅读关键词汇:稀缺·短缺·需求·抢购·暴涨

近年的当代艺术价格一飞冲天,对于其前景有一个非常乐观的声音:"还有相当大的提升空间",理由是"资源稀缺"。当代艺术反主流、反传统,确实具有天然的稀缺属性,目前最火的当代艺术家方力均、岳敏君、王广义、张晓刚的代表作,莫不如此。一篇分析中国当代艺术市场的文章说:"中国真正顶级的艺术家不超过100位,真正值得珍藏、并流通国际市场的画作不超过1 000幅。"物以稀为贵,当代艺术作为稀缺资源,将被抢购而价格暴涨似乎成为必然。

问题是,资源稀缺就一定形成抢购吗?

经济学中的确有"稀缺"一说,它是指有限资源相对于人类无限需要的不足。资源的稀缺将永远伴随人类,但是很多稀缺的资源,却不会被抢购。比如,几乎每个人都梦想拥有一套豪华别墅,然而,我们只看见人们搭帐篷抢"经适房",没听说有人排长队抢别墅。艺术品市场也不例外,在荣宝斋门前,有人蜂拥购买物美价廉的高仿品;而在"北京保利"夜场,绝不会人满为患。

导致抢购的不是"稀缺",而是"短缺"。

"短缺"和"稀缺"是经济学中很容易混淆的概念。"短缺"指供给不能满足"需求"时,出现的持币待购状态,它表现为排队、配给、凭票供应等。这里的"需求",也不同于前面所说的需要。需要只是主观的获得欲望,而"需

求"则是具备了支付能力的需要。比如，某人渴望得到房子住，但没有钱买，那只是需要。当他既想买房子又有了足够的买房资金，才具有了购买需求。当旺盛的需求超过有效的供应时，就会产生"短缺"，进而出现抢购。所以，是否有抢购发生，与资源是否稀缺没有直接关系，关键要看买家的需求是否过盛。

以张晓刚为代表的当代艺术在市场由冷变热，生动地说明了这个微妙关系。

当代艺术于1990年代步入中国艺术市场时，大多遭受着挑剔、不解、不屑的目光，很少被经营者和收藏家看好。1997年，张晓刚在"美院画廊"展出了十几幅新画，还特意创作了一幅"五人全家福"，虽然每幅标价仅1万美元，却一幅没能卖出。而在此6年前，陈逸飞用传统技法完成的《浔阳遗韵》已在香港拍至100余万港元。1998年至2004年，张晓刚的《大家庭》仅拍出6件，最贵的一件仅合人民币63万元。就在2003年，老一代画家徐悲鸿的《浴》在广州以600万元成交。显然，那时当代艺术的总量比现在要少，但这些稀缺的资源并没有发生短缺。不短缺的当代艺术作品只好以低廉的价格流向海外，那时张晓刚的《大家庭》大部分仅售几千美元，最贵的不超过2万美元。

本来并不短缺的当代艺术，2003年开始在市场活跃，2005年突然变得"短缺"。

就像大家看到的，井喷着的当代艺术市场，天价迭出。张晓刚于1998年以2 000美元卖给画廊的《血缘·同志第120号》，2006年3月在"纽约苏富比"拍至97.9万美元（合人民币790万元）。同年10月，他的《大家庭系列第15号》在"香港苏富比"拍至874万港元（合人民币909万元）。第二年，他的《大家庭系列·三位同志》和《血缘·同志》在"纽约苏富比"分别拍至211万美元（合人民币1 649万元）、251万美元（合人民币1 956万元）。

张晓刚的《大家庭》被市场热捧的几年，正是中国当代艺术市场全面爆发的年份。

2006年，另3位当代艺术代表画家王广义、岳敏君、方力钧的作品，分别拍卖成交39件、40件、46件，各自比上一年增加2.3倍、4.0倍、5.6倍；他们的作品拍卖总成交额分别达4 139万元、5 456万元、4 284万元，各自比上一年增加5.2倍、14.2倍、9.2倍。此后，在这"四大天王"的带动下，国内当代艺术市场连续冲高，特别在2007、2008年，中国当代艺术成为举世瞩目的"香饽饽"（详见表2-1）。在当代艺术的投资者那里，作品三五年获利十几倍、甚至几十倍的事情屡见不鲜，拍品成交价比估价高出数倍的情况也比比皆是。而乘势杀进的拍卖行，则赚得盆满钵平。

表2-1 王广义、张晓刚、岳敏君、方力钧2000~2009年拍卖数据比照
（单位：万元人民币；数据来源：雅昌艺术网2010-09）

年份	王广义			张晓刚			岳敏君			方力钧		
	成交量	总成交额	最高单价	成交量	总成交额	最高单价	成交量	总成交额	最高单价	成交量	总成交额	最高单价
2000	1	3	3	1	7	7	1	13	13	2	32	28
2001	0	0	—	0	0	—	0	0	—	0	0	—
2002	0	0	—	2	15	9	0	0	—	1	13	13
2003	0	0	—	1	63	63	0	0	—	1	8	8
2004	3	119	54	4	77	45	3	112	64	1	42	42
2005	12	669	173	11	391	159	8	358	153	7	416	153
2006	39	4 139	409	53	16 995	1 876	40	5 456	770	46	4 284	418
2007	54	8 529	1 030	74	29 338	2 394	54	23 091	3 169	46	7 813	1 344
2008	53	8 115	1 098	61	30 112	4 263	48	20 866	4 814	42	4 893	1 064
2009	30	2 367	306	18	5 359	1 680	15	2 189	562	25	2 575	403

当代艺术突然"短缺"的一个原因,是中国富豪群体的介入。

中国富豪群体介入当代艺术市场的动力有二:其一,他们希望通过抢购当代艺术品,提升身份及地位;其二,他们喜欢当代艺术市场带来的高额回报。事实上,当代艺术市场出现"短缺"后,投资回报率确实愈涨愈高。在市场短缺的促动下,"投资冲动"使资金踊跃入场,而藏家的"囤积惜售"也使价格扶摇直上。不过,随着当代艺术价格的泡沫越吹越大,投资者的风险也在逐渐升高。由投资需求拉动的短缺,总会有一天失效。所以,中国富豪群体介入当代艺术市场的第二个动力,并不长久。

既然当代艺术不是因为资源稀缺而价格暴涨,那么,未来价格暴涨的会是哪个艺术品种呢?

我们不妨参考一下美国人史蒂芬·柯维的观点,他在《领导者准则》一书中提出了两个很有新意的概念:"短缺心态"与"富足心态"。所谓的"短缺心态",是建立在资源有限的认识基础之上,"短缺心态者"因为认为资源有限,必须去争夺。相反,"富足心态者"认为,世界上有很多机会和资源,而且很多机会和资源可以主动创造,他们因为相信发展的无限可能性,更乐于开辟新的自由和替代方案。

对于有远见的投资者而言,那些在未来可能被制造成"短缺"的艺术,就是值得今天发掘的价值洼地。

相关资料链接:

1 佚名《中国当代艺术品市场分析》《新浪尚品》2008 – 03 – 01
2 编辑部《栗宪庭说张晓刚》《艺术财经》2009 – 09
3 曲慧《张晓刚:我不是最"贵",我是最"冤"》《青年周末》2009 – 03 – 19

☆延伸阅读:中国当代艺术作品外流

中国的公共美术馆以后如果想展示中国上世纪80~90年代的"当代艺术",恐怕要到国外去借展品了。我国公共美术馆亟待加强对国内新兴艺术的敏感度和收藏计划。上海美术馆学术部主任肖小兰说,我国公共美术馆在收藏上世纪八九十年代的中国当代艺术方面严重缺失,既没有较为完整的"面"上的收藏,也缺乏具有代表性的重要作品的收藏。当她在国外考察看到国外收藏家拥有大量这一时期中国当代艺术的重要作品时,紧迫感油然而生。

在21世纪之前,国内公共美术馆基本没有顾及美术界的这一动态,更遑论进行有计划的收藏。肖小兰说,最近他们刚想收藏某位抽象画家的代表作,却已经被某西方藏家领先一步。陈逸飞生前曾积极鼓动收藏国内优秀年轻艺术家的作品,他对国内美术馆在这方面的滞后感慨道:今后中国人要看到这一时期中国的美术经典,恐怕要到外国去了。

(摘自汪维诺《中国当代艺术作品大量流向海外》《杭州日报》2008-01-06)

3

艺术品价格涨跌，为什么与"板块轮动"有关

☆ 认识误区之3："某件艺术品成交价创新高，是因为物有所值"
☆ 投资必备要诀：艺术品市场存在明显的板块轮动，踏准轮动节拍很重要。
☆ 阅读关键词汇：亿元时代·戈森定律·板块·轮动

2009年秋拍，古代书画在中国艺术品市场率先进入了"亿元时代"。

当年10月19日，在北京"中贸圣佳"的15周年庆典拍卖会上，清代徐扬的《平定西域献俘礼图》从7 800万元起拍，经过激烈角逐后以1.34亿元成交，成为中国古今所有书画的价格新纪录。当时，有人把拍出天价的原因归结于该画的一些客观指标：它出身显赫、曾著录于《石渠宝笈》，它尺幅巨大（纵43厘米、横1 865厘米）、画面恢宏，它具备很高的历史价值和文献价值。并由此认定，该画是"中国有拍卖以来十几年里，理所应当的最值钱的东西"。

但接下来的事实证明，道理没有那么简单。

《平定西域献俘礼图》并非进入亿元的"孤本"，一个月后，该纪录迅速被打破。在11月23日的"北京保利"拍卖会上，明代吴彬的《十八应真图卷》以1.69亿元成交。几乎同时，另两件古代书画也步入亿元行列：宋代曾巩的书法《局事帖》在"北京保利"以1.09亿元成交，《宋名贤题徐常侍篆书之迹》在"中国嘉德"以高出估价60余倍的1.01亿元成交。此外，当年春拍以200多万元估价流拍的一件作品，在秋拍以4 000余万元成交。很显然，并不是《平定西域献俘礼图》因为"最值钱"而破亿，而是整个中国古代书画板块从秋拍起暴涨，进入了"亿元时代"。

随着中国经济的跑步式前进，随着中国富豪的撑竿跳式发家，中国艺术品价格破亿自在情理之中。但问题是，书画市场有诸多板块，为什么率先进入亿元的是古代书画，而不是两年前扶摇直上的当代油画呢？

答案，在经济学的"戈森定律"里。

戈森是19世纪的德国经济学家，他在1854年出版的《人类交换规律与人类行为准则的发展》一书中，提出了两条关于人类享乐的重要规律。其一是"享乐递减定律"，即人类如果连续不断地满足同一种享乐，那么这种享乐的量就会不断递减，直至为零。其二是"享乐均等定律"，即人类如果可以自由地选择多种享乐，但没有充分的时间，那么他们为了使享乐的总量最大，必须在充分满足某种享乐之前，先部分地满足所有的享乐，并且使每种享乐在被中断时保持量的相等。

戈森当时就自负地声称，他的发现可以与哥白尼的"天体运行学说"相比。事实上，他的理论后来确实成为新古典经济学"边际效用价值论"的基础，他的两条定律，即人们所熟知的"边际效用递减规律"和"边际效用相等原则"。"戈森定律"可以很好地解释日常消费行为中的"喜新厌旧"，也可以很好地解释经济领域常见的"板块轮动"。比如在股票市场，每一轮牛市都由板块龙头带领轮番成为热点，推动大盘上扬。

艺术品市场同样也存在"板块轮动"，书画作为热门品种之一，表现极为明显。

中国书画涵盖很宽泛。就创作年代而言，可细分为古代书画、近现代书画、当代书画等；就作品形式而言，可细分为书法、国画、油画等；就地域而言，可细分为海派、长安画派、岭南画派等。我们从1995年以来的国画和油画年度最高单价纪录，便可以看到这两大板块之间的轮动。（详见表3-1、图3-1）

内地国画拍卖市场开启于1993年，在2年后出现了一波高点。1995年，宋张先的《十咏图》在"北京翰海"拍至1 800万元，成为中国绘画的最高价。5年之后，该纪录被清郎世宁的《苹野鸣秋》在"香港佳士得"拍出的1 870万元打破。继2000年启动的一波行情之后，国画市场于2004年再创新高，陆俨少的《杜甫诗意册》在"北京翰海"以6 390万元成交。又过了5年，国画市场进入亿元时代。2009年秋拍，清徐扬的《平定西域献俘礼图》在"中贸圣佳"以1.34亿元刷新纪录。

从1995年至今，国画市场大约每隔5年出现一次波峰，每次新纪录的诞生都伴有大批高价拍品涌出。

具体而言,2000年至2002年,成交价超过1 000万元的拍品另有明沈周的《和香亭图》、宋徽宗的《写生珍禽图》、近现代张大千的《泼彩朱荷》等。2004年至2006年,成交价超过2 000万元的拍品另有清金昆的《大阅图》、明陈洪绶的《花鸟册》、近现代傅抱石的《茅山雄姿》和《雨花台颂》、元刘贯道的《人物故实图册》、清王翚的《仿唐宋元诸名贤横景六幅》等。2009年至2011年初,成交价超过亿元的拍品另有明吴彬的《十八应真图》、近现代张大千的《爱痕湖》、元王蒙的《秋山萧寺图》、清钱维城的《雁荡图》、明陈栝的《情韵墨花》、近现代李可染的《长征》、宋佚名的《汉宫秋图》、近现代徐悲鸿的《巴人汲水图》、清八大山人的《竹石鸳鸯》、清石涛的《闽游赠别山水卷》等10件。(详见表3-2)

国画市场的几个波峰之间,刚好是油画市场的波峰。

在1995年,除刘春华的《毛主席去安源》由"中国嘉德"拍出605万元高价之外,油画市场几乎没有起色。直到1997年,丁绍光的《西双版纳》在"中国嘉德"拍至396万元,才带来了一轮暖意。4年后,油画市场全面启动。2001年秋拍,徐悲鸿的《风尘三侠》在"香港佳士得"创704万元纪录。又过了5年,油画市场迎来一波火暴行情。2006年春拍,徐悲鸿的《愚公移山》在"北京翰海"以3 300万元创油画价格新高;同年底,徐悲鸿的《奴隶与狮》在"香港佳士得"拍至5 604万元,首次超过国画的年度最高价。

与国画市场相似,伴随着油画市场各次价格纪录的打破,也有大批高价拍品涌现,尤以最后一次显著。2006年,除徐悲鸿的两件千万元级油画外,另有陈澄波的《淡水》、刘小东的《三峡新移民》、张晓刚的《天安门》、吴冠中的《长江万里图》分别以3 623万元、2 200万元、1 876万元、3 795万元成交。第二年春拍,徐悲鸿的《放下你的鞭子》在"香港苏富比"以7 200万元再创新高,当年,共有27位油画家的63件作品成交价超过1 000万元。行情延续到2008年,仍有曾梵志的《面具1996NO.6》、刘小东的《温床NO.1》、岳敏君的《轰轰》的成交价达5 000万元以上。

书画市场的板块轮动,正是"戈森定律"的生动体现。

艺术品收藏首先是一种消费行为,所以,"戈森定律"可以解释艺术市场"板块轮动"的一个方面。当然,艺术品除了可供享乐之外,还具有另一项重要的功能——投资。武巍巍和龚玉晶在《中国股票市场板块轮动的机理研究》一文中,重点分析了三类投资者。一是"理性投资者",他们以基本价值为基础,是板块的启动者。二是"噪声交易者",他们缺乏投资知识、从众心强,是板块轮动的响应者。三是"理性投机者",他们拥有较多的信息,紧跟"理性投资者"买入,在诱导"噪声交易者"跟进后抛盘获利,是板块轮动的主要推动者。目前,艺术品市场上的买家与股票市场的构成相似,使得艺术市场的"板块轮动"极为明显。

古代书画板块在沉寂多年后一举破亿,主要是市场轮动的结果,某件画作创新价格纪录不是因为"理所应当的最值钱"。这个道理,在整个艺术品市场同样讲得通。

表3-1　国画、油画板块年度最高单价对照（数据来源：雅昌艺术网2011-1-25）

年份	国画	油画
1995	1 800万元（宋张先《十咏图》）	605万元（刘春华《毛主席去安源》）
1996	1 078万元（傅抱石《丽人行》）	198万元（陈逸飞《恋歌》）
1997	660万元（潘天寿《春塘水暖》）	396万元（丁绍光《西双版纳》）
1998	374万元（傅抱石《龙蟠虎踞今胜昔》）	238万元（吴冠中《木槿》）
1999	407万元（李可染《万山红遍》）	297万元（陈逸飞《浔阳遗韵》）
2000	1 870万元（清郎世宁《苹野鸣秋》）	83万元（赵无极《24.8.97》）
2001	671万元（傅抱石《秋谷飞瀑》	704万元（徐悲鸿《风尘三侠》）
2002	2 530万元（宋徽宗《写生珍禽图》）	801万元（赵无极《1.4.66》）
2003	1 980万元（傅抱石《毛主席诗意册》）	600万元（徐悲鸿《浴》）
2004	6 390万元（陆俨少《杜甫诗意册》）	786万元（常玉《翘腿裸女》）
2005	3 520万元（清王翚《仿唐宋元诸名贤横景六幅》）	2 200万元（徐悲鸿《珍妮小姐画像》）
2006	4 620万元（傅抱石《雨花台颂》	5 604万元（徐悲鸿《奴隶与狮》）
2007	7 952万元（明仇英《赤壁图》）	7 200万元（徐悲鸿《放下你的鞭子》）
2008	3 136万元（清朱耷《瓶菊图》）	6 708万元（曾梵志《面具1996NO.6》）
2009	16 912万元（明吴彬《十八应真图》）	4 043万元（陈逸飞《踱步》）
2010	17 136万元（徐悲鸿《巴人汲水图》）	7 280万元（徐悲鸿《蒋碧薇像》）

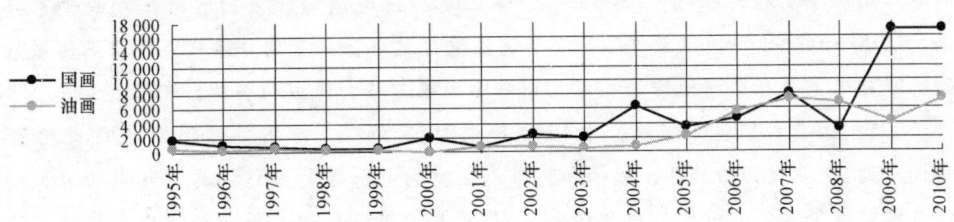

图3-1　国画、油画板块年度最高单价对照
（单位：万元人民币；数据来源：雅昌艺术网2011-1-25）

表3-2 2009~2011年初过亿元中国画
(金额单位：万元人民币；数据来源：雅昌艺术网2011-1-25)

序号	作品	估价	成交价	成交拍卖行	成交时间
1	清徐扬1760年作《平定西域献俘礼图卷》	咨询价	13 440	中贸圣佳	2009-10-18
2	明吴彬《十八应真图卷卷》	2 000~3 000	16 912	北京保利	2009-11-22
3	张大千1968年作《爱痕湖》	1 500~2 000	10 080	中国嘉德	2010-05-17
4	元王蒙《秋山萧寺图》	2 800~3 200	13 664	北京保利	2010-06-03
5	清钱维城《雁荡图卷》	5 000~8 000	12 992	北京保利	2010-06-03
6	明陈栝《情韵墨花卷》	5 000~8 000	11 368	中国嘉德	2010-11-20
7	李可染1959年作《长征》	2 500~3 500	10 752	中国嘉德	2010-11-22
8	佚名宋《汉宫秋图卷》	咨询价	16 800	北京保利	2010-12-04
9	徐悲鸿1938年作《巴人汲水图》	咨询价	17 136	北京翰海	2010-12-10
10	清八大山人1705年作《竹石鸳鸯》	3 500~5 000	11 872	西泠拍卖	2010-12-13
11	清石涛《闽游赠别山水卷》	1 000~1 500	13 552	南京经典	2011-01-02

相关资料链接：
1 林梢青《史上最贵中国画1.34亿!》《今日早报》2009-10-19
2 孙冰《古画跨入亿元时代，疯狂能否继续?》《中国经济周刊》2010-05

☆延伸阅读：油画市场的板块

以2005年的中国油画市场交易情况为基本研究样本，综合参照10余年来中国油画作品的市场化进程，可以得到结论：中国油画市场已经进入板块化分区阶段。

"早期西画家"板块：徐悲鸿、林风眠等早期西画大家的作品价格涨幅居前，其余名家，如常玉、潘玉良、吴作人、刘海粟、秦宣夫等的作品价格，也都比往年的同类作品有了明显的涨幅。以杨三郎、廖继春、陈澄波为代表的台湾早期西画家群体，从20世纪90年代以来作品价格突飞猛进，这些油画家的作品代表了台湾区域性的欣赏趣味，并在台湾地区的艺术品市场中历经考验，遂成为当地文化性的标志。

"新中国美术经典"板块：指1949年至1965年、"文革"期间以及20世纪70年代末到80年代初的作品，领袖和英雄是主要的创作题材，作品具有鲜明的时代面貌与精神特征，又被称为"红色经典"。因近年来升值较快，被一些媒体和收藏家认为是收藏投资品中的"绩优股"。该板块的代表画家吴冠中的油画作品在2005年高价迭出，市场总体反映十分积极。

"海外艺术家"板块：分为两个单元，一是以赵无极、朱德群为代表的国际油画大师，呈现出缩量而高价的特点。从购买群体而言，因其作品价格的高端以及艺术趣味的国际化，香港、台湾以及海外大买家是赵无极、朱德群作品的最大"粉丝"，大陆市场仍有待进一步拓展。另一单元是以蔡国强、徐冰、谷文达为代表的中青年国际艺术家，这些艺术家的作品价格是在国际艺术品市场中逐步成长起来的，具有相对广泛的支持力和稳定性。

"当代油画"板块："当代写实油画"在市场上一向受到广泛关注。靳尚谊、陈逸飞、陈丹青、艾轩、王沂东、杨飞云、刘小东等画家作品都受到市场的强力追捧，价格攀升较快。"当代油画"板块的中青年艺术家以王广义、方力均、岳敏君、张晓刚等为代表，目前价格涨幅居前。在国内市场中成长起来的更为年轻的画家，包括杨少斌、刘野、尹朝阳、季大纯、夏俊娜等，其作品在拍卖市场中日趋活跃，价格出现较大涨幅，创出多项个人作品拍卖的最高纪录。

（摘自赵力，董岳《油画市场的板块化进程》《文物天地》2006-02）

4

艺术品价格，为什么具有"金字塔"结构

☆ 认识误区之4："名家作品都值得投资"
☆ 投资必备要诀：艺术品价格具有"金字塔"型结构，越容易占据金字塔顶端的艺术品，投资潜力越大。
☆ 阅读关键词汇：徐悲鸿·金字塔价位分布·外部性·虚荣效应

在人们印象中，大名头画家的作品一定都很昂贵。

但事实并非如此，且以中国名头最大的画家徐悲鸿为例。从"雅昌艺术网"的拍卖数据看，至2010年11月初，徐悲鸿作品共拍卖成交3 220件。其中，价格最高的是2010年在"北京九歌"成交的油画《蒋碧薇像》，以及同年在"北京保利"成交的中国画《十二生肖》，成交价都是人民币7 280万元。而价格最低的一件，是2007年在某拍卖行成交的中国画立轴《猫》，成交价仅为2 000余元，不足前两者的三万分之一。有人会认为，作品的价差是随着画家不断被市场认识而拉开的。但也不尽然，就在徐悲鸿的《十二生肖》以7 280万元成交的同一个拍场，他的1941年作镜心《墨竹》成交价仅为34.7万元，二者相差200余倍。

徐悲鸿的作品不仅贵贱反差巨大，而且价格分布也耐人寻味。

我们先以1 000万元为单位，将徐悲鸿的3 220件成交作品划分为8组，可以看到：在0~1 000万元区间共有3 189件，占总量的99.03%；在1 000万~2 000万元区间共有20件，占总量的0.62%；价位更高的6组合计11件，合占总量的0.34%。我们再以100万元为单位，将3 189件1 000万元以下的作品划分为10组，可以看到：在 0～100 万元区间共有 2 649 件，占总量的 83.07%；在 100 万～200 万元区间共有 287 件，占总量的 9.00%；在 200 万～300 万元区间共有 107 件，占总量的 3.36%……一个明显的规律是：价位区间越低、成交数量越多，形成了明显的"金字塔"型结构。（详见表 4-1）

表 4-1　徐悲鸿作品拍卖价格分布
（单位：万元人民币；数据来源："雅昌艺术网" 2010-11-11）

	价格区间	成交件数	所占百分比
全部作品价格分布	7 000 以上	3	0.09
	7 000～6 000	2	0.06
	6 000～5 000	1	0.03
	5 000～4 000	0	0
	4 000～3 000	1	0.03
	3 000～2 000	4	0.12
	2 000～1 000	20	0.62
	1 000～0	3 189	99.03
1 000 万元以下作品价格分布	1 000～900	7	0.22
	900～800	6	0.19
	800～700	8	0.25
	700～600	10	0.31
	600～500	19	0.60
	500～400	29	0.91
	400～300	67	2.10
	300～200	107	3.36
	200～100	287	9.00
	100～0	2 649	83.07

徐悲鸿作品价格的"金字塔"型结构，原因何在？

我们用经济学的"消费需求外部性"原理，可以做出比较合理的解释。经济学在研究商品的"市场需求"时发现：每个人对商品的需求不仅取决于个人的偏好，还受别人需求的影响，这便是消费需求的外部性。当一个人对某种商品

的需求量随着别人对该商品购买量增加而增加,称之为"正外部性";反之,当一个人对某种商品的需求量随着别人对该商品购买量减少而增加,则称之为"负外部性"。

"负外部性"的典型表现是"虚荣效应"。"虚荣效应"是指人们对能够显示高贵身份的商品的追求,它来源于人们在炫耀高度珍稀物品时,所产生的巨大荣誉感。人的富裕程度越高,消费中的炫耀成分就越大。只有当某种商品不能被很多人拥有时,拥有者才会感到高人一等,所以"虚荣商品"一定高度稀有、极其昂贵。比如名贵手表和豪华游艇,不仅贵得离谱,还可能限量生产。

徐悲鸿作品的总成交额之所以高居榜首,就取决于他的"稀有"身份。

徐悲鸿20岁到上海谋生时默默无闻,他为一本体育书籍画挂图,每幅稿酬尚不足0.3元(当时只够买9斤大米)。他后来相继任教于南国艺术学院、南京中央大学,并出任北平大学艺术学院校长,其画价随着身价水涨船高。他1942年到大理为抗战义卖时,购画者慕名而至,大商号老板以2 400银元求购《八骏图》,相当于30匹上等活马的价钱。新中国成立后,徐悲鸿担任了第一届全国美协主席、第一任中央美院院长,并长期主导中国美术教育事业和艺术思想体系。他在美术界无人比肩的至尊地位,让许多人以拥有其墨宝为荣耀,以至于新世纪以来,他的画作一直被拍卖市场高度热捧。

至于画作个体,同样是越稀有、越昂贵,越能满足炫耀心理。

徐悲鸿作品数量众多,但普通画作仍难以满足财力雄厚者的炫耀需要,顶级买家会去追逐其中的最稀有者。徐悲鸿一生仅创作油画100余幅,又有40幅遗失,所以他的油画比中国画市场更火,其中某些画作的价格也在"虚荣效应"中越抬越高:少数画作价格越高、能够拥有者就越少,能拥有者越少、就越能满足虚荣需要,越能满足虚荣需要、越促高价格。比如那件几度现身拍卖市场的《愚公移山》,1980年代在"苏富比"作为拍卖图录封面被新加坡藏家购得,1992年在"台北苏富比"以550万台币成交,1999年在"苏富比"秋拍以600万台币成交,2000年在"嘉德在线"以250万元创成交价纪录,2006年又在"北京翰海"以3 300万元创造新高。

不仅徐悲鸿,这种"金字塔"型价位分布,在艺术市场中普遍存在。

我们经常会看到,绘画价格并不与画家的地位完全一致,许多地位相似的画家、甚至同一位画家的不同作品,价格可能相差很大。必须承认,艺术品价格除了与其自身属性有关,消费需求的"外部性"更值得关注。在艺术品市场,个人消费高价艺术品几乎都与炫耀心理有关,而高端艺术品价格形成的过程,正是它由普通商品向"虚荣商品"转化的过程。

相关资料链接：
1 周积寅《徐悲鸿中国画收藏观》《中国书画》2004－04
2 李华建《徐悲鸿写实艺术趣味的产生与转变》《华章》2008－08
3 沙平《徐悲鸿在西南》《钟山风雨》2008－05
4 编辑部《徐悲鸿油画〈愚公移山〉拍出3 300万》《北京青年报》2006－12－14
5 编辑部《徐悲鸿油画〈愚公移山〉创作过程与流传历史》雅昌艺术网专稿2008－09－26

☆延伸阅读：徐悲鸿的《奴隶与狮》

徐悲鸿1924年创作的油画《奴隶与狮》日前在香港佳士得拍卖会上以5 388万港元成交，远远超出此前3 200万港元的估价，创下中国油画世界拍卖新纪录。

法国留学时期，徐悲鸿以解决造型能力为目标，主要精力用在素描、速写方面。而且，油画画材昂贵，对基本生活都难以保障的留学生徐悲鸿来说，也难以多画。归国后，他创作过大型油画，画过油画肖像、油画风景和课堂油画写生，但他的应酬多，生活不安定，画油画不如画国画方便，而改良中国画的宿愿，更使得他把主要的精力放在中国画的实践上。常言说，物以稀为贵，如此巨幅的油画《奴隶与狮》的出现，足以给收藏界带来惊喜。

另外，在上世纪80年代以前，《奴隶与狮》被认为已经遗失。原因是1939年初，徐悲鸿曾带着他的大量收藏踏上南洋之旅。而这件《奴隶与狮》正是徐悲鸿因1942年初太平洋战争爆发，自新加坡归国时未能带回的那批作品之一，被业内认为是中国最重要的油画名作之一，也是徐悲鸿私人收藏最重要的油画。

1949年5月，徐悲鸿的学生陈晓楠过新加坡，将他寄存在黄曼士和韩槐准处的文物带回，约几十箱。但所有这些作品，都没有确切的数字和目录，这给收藏和鉴定留下了相当大的想象和猜测空间——也许它是个永远的谜，但一定会以真真假假各种面貌在市场上出现，成为对人们鉴赏力和判断力的考验。

（摘自云中《揭开徐悲鸿〈奴隶与狮〉创拍卖纪录之谜》《齐鲁晚报》2006－12－01）

5

艺术品市场的未来，为什么很难测准

☆ 认识误区之5："有些人能够准确预测未来市场行情"
☆ 投资必备要诀：那些附加了很多限制条件的预测更靠谱，不敢"打保票"的预测反倒可信。
☆ 阅读关键词汇：罗杰斯·测不准·预期·自我实现·资本操控

艺术品市场里既有摇钱树，也不乏陷阱。艺术品投资者欣喜于当前火暴行情的同时，更关心市场的未来，以便趋利避害，预测性的信息因而日益受到关注。打开艺术类的报刊、网络等媒体，人们经常可以看到有关艺术品市场的预测或猜想，比如新一年能否保持上涨势头？哪个板块会接力轮动？谁能成为新的增长点？甚至有人声称，自己掌握着下一波行情的详细名单。

此类的市场预测能否很精准呢？

不妨先看看罗杰斯对中国股票市场的预测。罗杰斯是华尔街的风云人物，是美国证券界最成功的实践家之一，被誉为最富远见的国际投资家，巴菲特曾称赞他"对大势的把握无人能及"。然而，他在4年前对中国股市的判断，至今仍是股民的笑柄。2007年1月，当上证综指从1 252点上涨到2 975点时，罗杰斯深表担忧，提醒中国股民要注意泡沫。但在随后的9个月中，上证综指却连续暴涨，直至10月份达到6 124点才一路下跌。由此，《证券日报》推出的"2008年财经大盘点"将他评为"最不靠谱预测者"。

2011年4月，罗杰斯接受央视《经济半小时》采访，当被问及"对市场的判断是否总是比较准确"时，他的回答是："不，并不总是准确，我也犯过很多错误。"这次,他对当前中国股市的预判是:"总有一天会重回6 000点,我不知道会在什么时候,也许会在2015年,也许是2012年,也许是2023年,我不知道。"股民难以从罗杰斯那里得到确切答案。《经济半小时》对一百位经济学家做了"未来6个月内A股走势"问卷调查,得到的答案同样莫衷一是:51.3%认为会持平、44.7%认为会上升、3.9%认为会下跌。难怪有一则揶揄经济学家的笑话说:"为什么上帝创造了经济学家?——是为了让天气预报显得很准确。"

其实,经济学理论不能准确预测经济现实,属于常态。因为经济学不同于自然科学。

在自然科学的试验中,很容易制造特定环境以排除干扰因素,完全可以根据定律准确地预测将要出现的现象。在经济学中,很多定律同样附有限制性条件,只有当现实条件与定律的假设完全吻合时,才能得到相应的结论。但在现实经济中,不可能制造有限制的环境,也永远不可能列举出所有的限制条件。所以,现实中的偶然情况往往成为干扰因素,让预测的准确性大打折扣。

既然现实经济难以测得准,为什么市场上的预测层出不穷呢?

因为在经济生活中,特别是在金融领域,"预期的自我实现"普遍存在,它会使本来不精准的预测神奇地应验。比如在股票市场,股民经常不自觉地参与到"预期的自我实现"之中。当某位权威股评家断言某只股票即将大涨,可能引发大量股民的上涨预期,于是大量买入。结果,该只股票果真如股评家所言,一路疯涨。相反,当某位权威股评家断言某只股票即将大跌,可能引发大量股民的下跌预期,于是大量抛售。结果,该只股票果真如股评家所言,一路狂跌。

类似的"预期自我实现",在艺术市场同样很灵。

近年艺术品市场需求旺盛,高端艺术品价格飞涨,在很大程度上就是由预期所致。经济学认为,导致某种商品需求增加的因素有6项:其一,商品价格下跌;其二,消费者收入增高;其三,消费者对该商品的偏好加大;其四,该商品的替代品价格上涨;其五,该商品的互补品需求增加;其六,消费者对该商品未来需求的预期增加。显然,在近年的艺术品市场上,前五项变化并不显著。唯一发生明显改变的,是投资者对未来涨幅的强烈预期,几乎所有人都认为,未来国人对艺术品的需求量无比巨大。

不过,这种强烈预期却有被资本操控的嫌疑。

批评家朱其在《艺术市场的四大误导性观点》一文中揭露,90%的艺术市

场预测是误导性的,比如"艺术品金融的时代已经到来"、"当代艺术是资本投资的避风港"、"金融危机后,当代艺术市场下一波暴涨期很快到来"等,都不排除幕后庄家的造势。他认为:当代艺术品市场出现了由艺术品投资人、经纪人、拍卖主管和操盘手组成的造势同盟,艺术资本通过入股媒体、买断栏目、操纵年度艺术榜、组织市场预测文章和召开各种市场论坛,通过发布市场评论、拍卖数据、市场预测造势,目的是诱导新一波买家接盘。

如此看来,反倒是那些附加了很多限制条件的、不很精准的预测,更为靠谱。

比如对于艺术市场的大势,"广州嘉德"副总裁许习文在2009年表示,因为当年书画市场已经迈进"亿元时代",可能在2020年跨入"十亿元大关"。而面对2010年的火暴行情,他在2011年初感慨:"之前估计的'十亿元时代',看来要大大提前了,很可能两三年内就会出现。"当然,相反的观点同样具有参考价值。"德美艺嘉投资管理有限公司"运营总监杨心一认为,如果从艺术成就讲,近现代大师的作品有过亿元可能,但目前持续过亿的整体时机并不成熟,应该从资金流通角度分析"破亿"的可能性。"雅昌艺术市场监测中心"负责人关予则提出,近现代名家作品能否出现天价,要看是否有极高学术价值和美术史价值的作品在市场出现。

对于谁能成为下一个"亿元画家",更是见仁见智。

在林琳撰写的《2011藏市预测:天价艺术品频现,十亿元书画不是梦》一文中,许习文分析:与徐悲鸿、李可染、张大千艺术地位相当的近现代大师傅抱石、齐白石、吴昌硕、黄宾虹、潘天寿等,作品都有上亿元的可能。杨心一预计,未来短时间内能够过亿元的可能是齐白石,对其他大家的作品持保留态度。"北京匡时"总经理董国强认为,齐白石与傅抱石的作品都有可能"破亿",但可能"率先跑出"的应该是傅抱石。而在《顶层》杂志2011年4月推出的《亿元油画猜想》访谈中,9位圈内资深人士对一两年内能否出现亿元油画、哪些油画近年可能破亿,给出了不同的答案。(详见表5-1)

艺术品市场预测的精准度到底有多大呢?面对各种声音,投资者自然是监听则明。而面对错综复杂的艺术品市场,自诩测得极准的行家,则要当心忽悠别人、也忽悠了自己。

表 5-1　部分资深人士对亿元现代书画市场的预测

（据林琳《2011 藏市预测：天价艺术品频现，十亿元书画不是梦》《广州日报》2011-01-26）

	现代书画市场高价趋势	谁可能是下一个亿元现代书画家
董国强（"北京匡时"总经理）	热潮还将延续，亿元作品会继续出现	傅抱石几率最大
许习文（"广州嘉德"副总裁）	十亿元时代可能两三年内出现	傅抱石、齐白石、吴昌硕、黄宾虹、潘天寿等
杨心一（"德美艺嘉"运营总监）	持续过亿的整体时机并不成熟	齐白石有可能
关予（"雅昌艺术市场监测中心"负责人）	要看是否有极高学术价值和美术史价值的作品在市场出现	—

表 5-2　部分资深人士对亿元油画市场的预测　（据《顶层》2011-04 编辑部《亿元油画猜想》）

	今年能否出现亿元油画	谁可能是下一个亿元油画家（作品）
李苏桥（艺术品经纪人）	不会，资金会流向古董板块	常玉、赵无极、陈澄波等
尤永（"北京匡时"副总经理）	不会，没有藏家拿出顶级作品	常玉、吴冠中、徐悲鸿
王定乾（"寒舍艺术中心"董事长）	随时会，要看市场情况	赵无极、徐悲鸿、常玉等
华雨舟（"上海天衡"副总经理）	不一定	陈逸飞、徐悲鸿
柴宁（"北京翰海"油画雕塑部主管）	很可能	徐悲鸿、陈逸飞、《毛主席去安源》
张光铎（艺术品经纪人）	有可能	吴冠中、陈逸飞、徐悲鸿、常玉、张晓刚、曾梵志
顾振清（独立策展人）	不是今年就是明年	张晓刚、曾梵志

相关资料链接：

1　朱其《艺术市场的四大误导性观点》东方视觉网 2011-03-22
2　林琳《2011 藏市预测：天价艺术品频现，十亿元书画不是梦》《广州日报》2011-01-26

☆延伸阅读：预期的自我实现

1968 年，美国心理学家罗森塔尔做了一个有点恶作剧意味的心理学实验。

他们来到一所小学，假装对学生进行智力测验，随后在学生花名册上随便抄下来一些名单交给老师，声称这些学生经测试证明是"最有发展前途者"，并要求老师对这份名单严格保密。老师对这份名单感到困惑，因为名单中有不少是平时表现平庸甚至很差的学生。罗森塔尔的解释是，"我讲的是发展，而不是现状"。鉴于这份名单是权威心理学家在"严格测试"后确定的，老师们对它深信不疑。尽管他们对

这份名单严格保密，但他们的言谈举止中都透露出对这些"最有发展前途者"（包括他们以前认为是"差生"的人）的期待、信任和鼓励。8个月后，罗森塔尔重返这所学校对名单上的学生"复试"，发现他们进步异常明显（尤其是那些"差生"），他们与老师的沟通紧密、顺畅，一个个充满自信，求知欲旺盛，成绩出类拔萃。

因为这个著名的实验，心理学家把人际沟通和交往中这种"自我实现的预言"称为"罗森塔尔效应"。罗森塔尔本人则称之为"皮格马利翁效应"（the Pygmalion Effect）和"盖拉缇娅效应"（the Galatea Effect）。在希腊神话中，塞浦路斯国王皮格马利翁也是一位雕塑家，他根据自己对女性的想象雕刻了一尊雕像，这尊雕像的美让他惊叹，痴迷地相信眼前这尊雕像就是他期待的完美女性。他每天向掌管爱和美的女神阿芙罗蒂祈求，能娶这个完美女性为妻。阿芙罗蒂被他如此真挚和恳切的期望所打动，赐给这尊雕像以生命，并给她取名为盖拉缇娅。

（摘自吴伯凡《预期力与"自我实现的预言"》《21世纪商业评论》2008-04）

6 当代绘画市场，为什么有"时装"也有"名表"

☆ 认识误区之6："当代绘画都没有长期投资价值"
☆ 投资必备要诀：对"时装型艺术品"应短线投资，对"名表型艺术品"可长期持有。
☆ 阅读关键词汇：厚今薄古·炫耀需要·时尚·经典

中国绘画市场的显著特征之一是"厚今薄古"。在绘画市场半壁江山的中国画部分，无论从热门市场板块、还是从热点拍卖专题看，新中国成立以来涌现的画家画作占相当大比重。而在绘画市场另半壁江山的油画部分，新中国成立以来涌现的画家画作，则占据了绝大部分份额，特别在"当代油画"异常火暴的2007年之后，中国油画市场几乎成了当代绘画的天下。

"厚今薄古"不仅是目前中国绘画市场的事实，而且古来如此。

在唐代张彦远的《历代名画记》中，著录了轩辕时代至唐会昌元年（841）共372位画家的传记，其中唐代的占200余位。在北宋郭若虚的《图画见闻志》中，共汇集284位画家的小传，其中宋代的占166位。因为"厚今薄古"是绘画收藏和市场的常态，所以不难推断，大部分目前很热的画家和画作，在不久的未来必然遇冷。

一个艺术品投资者不得不关心的问题是：哪些画作会成为市场的过眼烟云？

经济学认为："某种商品价值的大小，取决于其满足人的需要的效用。"我们这里暂且抛开古代画作遗存，仅就当代绘画而论，它所能满足购藏者的需要主要有三点：鉴赏需要、炫耀需要、投资需要。对高端收藏者而言，画作因为可以

满足"鉴赏需要"而成为炫耀品;而对投资者而言,画作因为可以满足收藏者的"炫耀需要"而具有投资价值。可以说,高端当代绘画的炫耀功能是其投资价值的核心,炫耀功能的大小,是判断其投资功能的重要依据。

关于消费的炫耀特征,经济学家叶楚华在其"荣誉经济理论"中有过详细论述。

叶楚华认为,人们随着基本生存问题和生理欲望得到解决,会把金钱主要用于虚荣的满足,趋向于"荣誉人"。而随着以满足荣誉为出发点的经济的比重加大,虚荣成分将渗透到大多数行业和商品中。他在《论虚荣与消费》一文中,以典型的虚荣品——时髦服装为例,分析了一类虚荣品的价格决定和变化特点:时装刚上市时,由于款式新颖、外观华丽,虚荣品质极高,消费者愿意出高价购买用以炫耀,商家则制定高价以获取高额利润,此时的消费人群多为高端收入者。随着该服装拥有者密度的加大,其炫耀品质逐渐降低,消费者不再愿意出高价,商家只好降价促销,此时的消费人群多为中端收入者。随着该服装拥有者密度的继续加大,完全丧失了炫耀资质,商家只好降价到普通服装水平,此时的消费人群多为低端收入者。流行时装满足虚荣欲望的效用,从高点逐渐下降至零点,导致了其价格从高端下滑,基本没有回涨的可能。

毋庸讳言,当前活跃于艺术市场的画家数以千计,画作数以万计,其中的大部分是与时装同类的虚荣品,其价格的形成和未来趋势,也将与时装相似。

很多人因此预言:当代艺术作品将有八成被淘汰,能够在将来留住的都是凤毛麟角。那么,哪些是能够在将来留住的凤毛麟角呢?叶楚华在《论虚荣与消费》中还指出了不同于时装的一类炫耀品,其价格并不梯级下降。最典型的例子是某些名表,其惊人的高价可以保持数十年之久,甚至还间或有所提升。原因是:其一,富豪阶层与贫民阶层严重分化,使虚荣消费阶层相互隔离,极端高价的商品对于穷人永远是高贵物,永远可以作为极少数富豪的虚荣品。其二,某些高价虚荣品因为自身的正统地位和历史积淀,拥有广大的知名度,可以使拥有者得到极大的虚荣满足,实现终极炫耀。

可见,时装和名表虽同属虚荣品,但产销模式完全不同。

从销售目标看,前者面向各阶层消费者,后者只针对富豪阶层;从产品诉求看,前者追逐时尚,后者打造经典;从价格策略上看,前者"卖头不卖尾"、速战速决,后者占领高点、永不打折。其实,当代画家画作的生产和营销,同样包括"时装"和"名表"两路。应该说,不论其中的"时装"或是"名表",并无优劣之分,它们都会给消费者以炫耀感的满足。投资者需要做的是,首先辨析二者的差异，然后适时适度加以取舍。

相关资料链接：
1 王雪峰《煊烂之极，归于平淡——"水墨之兴"再研究》《中国美术馆》2010 – 07
2 牟建平《当代艺术是否"昙花一现"》《北京日报》2007 – 07 – 27

☆延伸阅读："虚荣圈"的层次

同一件虚荣品对于不同人，其效用也不一样，比如一辆价值20万元的轿车，在北京可能算不上值得炫耀的物品，然而置之于县级城市，拥有它就是一件非常荣耀的事了。可见，对于同一辆轿车，它带给北京市民的虚荣效用，明显低于它带给县城居民的虚荣效用。

虚荣圈就是指人们由于自身经济等地位的不同，而处于某个相对稳定的社交和生活圈。事实上，人们处在不同的圈子主要由个人财产多寡来决定，富人一般只跟富人打交道，而穷人一般则无法接近富人。若从中国的国情看，大致可以按照行政级别的高低把中国划分为若干大的虚荣圈，首都和各大都市为最高层，接下来是省会、市政府所在地、县城、镇、村，逐步降低层次。这几个层之间基本是隔离的，同一虚荣品在这几个虚荣圈中的效用不一样，虚荣圈层次越高，效用就越低。处在越高的虚荣圈，则需要越高级的虚荣品来炫耀。当然虚荣圈可以继续分，上述各个大层内部又可以分为若干小层，比如北京市，还可以分为富商高官层、名人层、大学生层、白领层、蓝领层、民工层等，显然，这几个层在生活和炫耀上也是相互隔离的：富翁不会到民工中炫耀，教授不会到工人中炫耀。

（摘自叶楚华《论虚荣品的虚荣效用与价格变化》中国改革论坛网 2004 – 10 – 06）

复制型艺术品,为什么前景堪忧

☆ 认识误区之7:"出口型油画产业会持续风光"
☆ 投资必备要诀:复制型艺术品的投资空间会越来越小。
☆ 阅读关键词汇:油画村·艺术区·完全竞争·复制

《美术观察》杂志网络部主任杨斌在《美术类文化产业分析报告》中,将美术类文化产业分为内容型、形式型、特产型三种:其中"形式型"以深圳大芬油画村、厦门乌石浦油画村、青岛达尼油画村最为发达。

这类"形式型"的油画产业,与中国艺术品拍卖市场一起大红大紫了一阵。

被称为"文化产业奇迹"的深圳大芬油画村,距离深圳罗湖口岸仅10公里之遥。该村自1989年有画工入住,逐渐成为海内外闻名的"中国油画第一村"。2004年,它被文化部命名为"文化产业示范单位"。2005年,该村的商品画出口2.8亿元人民币,其中90%销往欧美及中东。当年底,该村从事油画生产和销售者445家,以其为中心,深圳市从事油画生产的画师有8 000人以上。由于油画产业的带动,该村形成了庞大的周边产业链,2006年的产值多达3.4亿元。与大芬油画村同样风光一时的,还有被称为"世界三大商品油画产地之一"的厦门乌石浦油画村。该村自1992年起源,至2006年拥有画师4 000多人,画商200多家。在中国文化贸易进出口严重逆差的背景下,商品油画却是唯一的绝对顺差行业,成为中国文化产业开拓国际市场的典范。

很多投资者以为,这些"形式型"的油画产业会长久风光下去。

不幸的是,突如其来的2008年全球"金融风暴",不仅使中国出口加工企业遭受重创，也让中国的油画产业全线告急。2008年下半年，内地的艺术品拍卖成交额大幅缩水，北京798艺术区等处的画廊经营惨淡。比二者受冲击更大的，则是大芬等地的"油画村"。据当年12月初《广州日报》报道：通常在年底会人头攒动、订单纷至的大芬油画村，国外订单减少八成，销售量骤跌，部分油画企业濒临倒闭。在以前的"广交会"上，大芬村最少能签单两三千万元，甚至曾经签到过四五千万元大单。但在2008年秋，整个大芬村"颗粒无收"。资金链断裂的画商只好转让画铺，大批画师则背起画板，奔赴京沪等地另谋生计。在厦门乌石浦，订单量也锐减三分之一以上，金额上亿元。

是什么导致"油画村"如此不堪一击呢？

原因在于该种油画的产业模式。企业的生存能力，很大程度上取决于其产品的市场竞争能力。经济学认为，市场经济中的企业竞争状态有两种：完全竞争和不完全竞争。其中的"完全竞争"，存在于众多规模较小、并且生产同质产品的企业之间。"完全竞争"性行业的根本特点，是产品的同质化。因为每个企业的产品没有性质的差别，可以相互替代，所以对于完全竞争性企业而言，市场价格是既定的，任何定价高于市场价的产品将被市场拒绝。作为被动的"价格接受者"，这些企业只拥有产量的决定权。

以大量复制为生产特征的大芬油画村，产品是同质化的，市场竞争力极差。

从1986年开始，香港画商率先在大芬村创办油画工作室，让画工们按工序分工合作，以流水线方式复制世界名画。因为大芬油画可以在短时间内大量复制生产，成本大大降低，很快占领了国际市场。此后，流水线式的复制一直是"大芬式油画"的主要生产方式。据说，仅大芬村所复制的《蒙娜丽莎》，就多达数十万件。

大芬村的成功优势，不在于高品质，而在于低成本。内地提供的大批专业的和业余的画工，保障了复制油画行业的廉价劳动力。但是，正由于该行业的技术含量不高，大芬油画获益后，当地从业者数量急速膨胀，并引起其他地区争相效仿。产品的同质化和进入的低门槛，造成了行业内的生产规模激增，处于完全竞争条件下的"复制油画"产业，越发丧失了价格的自主权。

复制型油画与竞争力很差的农业相似。

农业是最典型的完全竞争行业，因为各农场生产的农作物几乎没有质量区别，其价格完全由市场决定。而同质化的"大芬式油画"，无异于庄稼地里大豆或玉米，就像许多贴牌加工的外向型企业一样，必然会陷入被动的完全竞争状态之中。不仅"大芬式油画"，也包括其他复制型艺术产业的投资，在外部需求景

气时，尚能勉强获取微利，一旦遭遇市场压力，必然失去狭小的生存空间。

相关资料链接：
1 屯昌县政府办《关于深圳市大芬油画村的考察报告》2008-04-18
2 杨斌《美术类文化产业分析报告》《艺术市场研究》首都师范大学出版社 2010 年版
3 阮晓光，龙锟《大芬村画家难熬艰辛成批离开，部分外迁京沪》《广州日报》2008-12-05
4 易福《经济不景气，厦门油画业变招过冬》《海峡导报》2008-10-23
5 徐刘刘《大芬油画村的崛起》国际在线专稿 2008-12-09

☆延伸阅读：厦门油画业的"寒冬"

2007 年金融风暴来袭，以出口欧美为主的厦门油画业也陷入"寒冬"。乌石浦油画村的一"大腕"预估，订单量估计将下降上亿元。

走出厦门乌石浦油画村的画师王先生甩了甩长发，"从业 5 年了，第一次觉得无所事事"。类似王先生这样的画师，最近在乌石浦不断增多。按照王先生的说法，可能有近三分之一的画工因没有订单，选择放假或转行。"大施艺术"的施金浦同样忧心忡忡，"厦门出口的油画还是以中低端的商业画居多，目前这一市场正受抑制。"施金浦举例说，原本一些有钱的消费者，家里的油画可能一年一换，现在可能多年才换一次，油画市场自然也会因此而大大缩水。施金浦表示，受金融风暴影响，出口需求至少下降三成以上。来自乌石浦油画村美术协会的统计也显示，该油画村不仅 2007 年 6.5 亿元产值难保，2008 年还会下降 10% 以上。

可作佐证的一个明显迹象是，在这有着"世界油画基地"美名的小区，过去几年不仅房租不断飙涨，更是一房难求，然而 2008 年的情况却大不相同。记者进入该小区，发现公告栏上贴满了房屋出租广告，开始出现不少空房。

（摘自易福《经济不景气，厦门油画业变招过冬》《海峡导报》2008-10-23）

第一章 解开艺术品产业谜团

艺术品价格暴涨，为什么投资总收益未必大增

☆ 认识误区之8："绘画价格暴涨，投资者收益必然大增"
☆ 投资必备要诀：选择具有终端购藏者的艺术品，获益的几率更大。
☆ 阅读关键词汇：需求量·价格·需求价格弹性·总销售额

任何艺术品投资者都关心收益，投资收益当然首先与价格有关。

伴随着中国艺术品收藏愈来愈火，绘画的价格愈涨愈高。比如在1956年，齐白石给荣宝斋画的2平尺梅花、牡丹、菊花、牵牛4条幅，仅得润金80元。再比如在1989年，著名的"中国现代艺术展"结束后，北京个体户宋伟买下了一些艺术家的画作，王广义当时因为一张画卖了1万元，激动得声音颤抖。新世纪以来，中国艺术品市场进入高价时代，不消说齐白石、王广义等名家的作品动辄以上千万元成交，连刚迈出校门不久的"80后"画家，拍出几百万的单价也并不稀奇。

但对于广大投资者而言，其总收益能随作品单价的暴涨而剧增吗？

经济学研究表明，一般而言，市场对商品的需求量与价格变化的方向相反，即价格下跌会使需求量增加，而价格上升会使需求量减少。当然，不同商品的价格变动，对需求量的影响并不相同。在经济学中，用"需求价格弹性"表示需求量对价格变动的敏感度，越敏感者"弹性系数"越大。有两种情况例外：一是需求量完全不受价格变动的影响，其"弹性系数"为0，比如丧葬服务（这便是所谓的刚性需求）；二是微小价格变动就会引发极大的需求量变化，其"弹性系数"为无穷大，比如股票。而大部分商品，"弹性系数"处于0至无穷大之

间,比如土豆为0.3、出国旅行为4.0。

是什么造成了商品"需求价格弹性"的差异呢?原因主要有三点:

其一,商品在生活中的必需程度不同。生活必需品(例如食用油)的需求量受价格变动影响弱,其"需求价格弹性"小;奢侈品(例如时装)的需求量受价格变动影响强,其"需求价格弹性"大。

其二,商品占消费者总支出的比重不同。占比重小的商品(例如邮费)价格变动不会被消费者很在意,其"需求价格弹性"小;占比重大的商品(例如住房)价格变动会被消费者重视,其"需求价格弹性"大。

其三,商品能被替代的难易度不同。难以被替代的商品(例如火车票),其"需求价格弹性"小;容易被替代的商品(例如方便面),其"需求价格弹性"大。

那么,就目前的国情而言,艺术品的"需求价格弹性"怎样呢?

首先,看消费者对绘画的必需程度。与衣食住行等相比,艺术品还没有成为绝大多数国人的生活必需品,经常购买艺术品的家庭,百不足一。其次,看艺术品在消费者总支出中的比重。据国家统计局资料,2007年城镇家庭人均消费性支出为9997元,其中教育文化娱乐服务1329元,而绘画作品仅以每件5000元计,已足见所占比重之大。最后,看寻找艺术品替代品的难易程度。艺术品的消费功能主要用于装饰室内环境,但可以起到同样作用的,还有盆栽、家具、布艺等。由此可知,艺术品属于"需求价格弹性"较大的商品,它对价格变动的反应很敏感。

分析某种商品的"需求价格弹性",不仅可以了解购买者对其价格变动的反应,更可以显示由价格变动引起的投资者总收益的增减。

任何商品的总销售额,都等于销售数量与单价的乘积。如果所销售商品的"需求价格弹性"很小,那么单价的上升不足以引起总销量的大幅减少,其总收益的确会增加。但如果所销售商品的"需求价格弹性"很大,单价的上升必然会引起总销量的大幅减少,这时,总销售额反而可能减少。艺术品是"需求价格弹性"较大的商品,其单价的迅速上升,必然降低总销量。现阶段绘画交易价格最高的市场,无疑是拍卖行,但那里许多人的购买目的并非消费和收藏。尽管拍卖市场的交易量不小,却多是投资者之间的倒卖,终端购藏者的购买量并没有大幅增加。与火暴的拍卖市场鲜明对比的是,普通画廊或画店近年的经营并不景气,正好说明了终端艺术品收藏市场的萧条。

艺术品价格的高涨究竟使总销量减少几成?投资者的总收益究竟减幅多大?

还需要详尽的数据考证。但有一点可以确定,用高单价想象整个产业的高收益,是过于乐观了。

相关资料链接:
1 朱浩云《现代名家字画行情的演变》《中国书画报》2006-12-18
2 曹俊杰《艺术市场:星火燎原三十年》《第一财经日报》2007-10

☆延伸阅读:艺术品是高收入者的主要消费品种

美林全球财富管理(Merrill Lynch)和凯捷咨询(Capgemini)(2011年)6月份推出"2011全球财富报告":2010年全球富豪数量上涨8.3%,其财富总额更是膨胀了9.7%,超出了金融危机之前2007年的峰值。由于财富增加,富裕人士对包括艺术品、钟表、稀有红酒等在内的各类嗜好投资(Investments of Passion)的需求全面扩大,尤其是在新兴市场国家,经济增长帮助亚太地区的高资产净值人士(指可投资资产超过100万美元)在数量和财富上均超过欧洲,跃居世界第二,刺激了嗜好投资市场的繁荣。

报告确认:艺术品是高端收入者的主要消费品种之一。统计显示,艺术品占嗜好投资的花费比重的22%,仅次于豪华汽车、游艇及飞机等奢侈收藏品,而与在珠宝和钟表上的开销相当。报告特别指出,中国的新富投资者正在成为画廊及拍卖行中越来越活跃的竞拍者,尤为热衷于购买国内艺术家的作品,以致供应锐减。据统计,2010年中国内地的高资产净值人士为53.5万人,稳居世界第四位,仅次于美国、日本和德国。

在某种程度上,市场的特性是由消费者的消费倾向所促成的。根据"2011胡润财富报告"及"中国千万富豪品牌倾向报告",千万富豪的收藏偏好依次是手表、古代字画、酒、车和当代艺术,似乎购买艺术品和购买珠宝、名表等奢侈品在消费上没有任何区别。世界奢侈品协会称,2010年2月至2011年3月,中国奢侈品市场的消费总额已达到107亿美元,并预计中国将在2012年超过日本,成为全球第一大奢侈品消费国。

(摘自杨心一《2011全球财富报告:富裕人士扩大艺术品投资》《上海证券报》2011-07-16)

第二章 洞悉艺术品买家心态

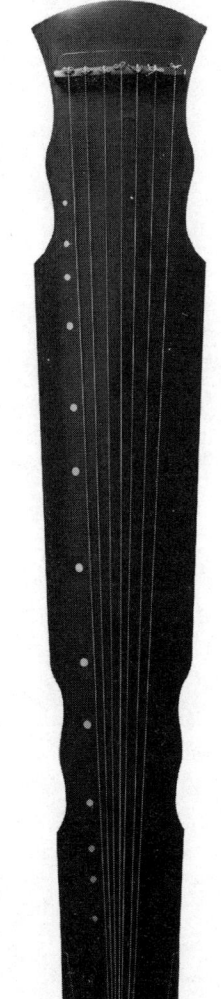

（北宋）宋徽宗御制清乾隆御铭"松石间意"琴 2010年12月5日在北京保利以13 664万元成交

"马未都传奇",为什么难以重演

☆ 认识误区之9:"大众可以复制马未都的收藏神话"
☆ 投资必备要诀:在某种艺术品从"自由取用资源"转化为"稀缺资源"之前,大量买入。
☆ 阅读关键词汇:马未都·自由取用资源·稀缺资源·稀缺性转化

人气很旺的马未都,创造了一段让无数人想复制的传奇。

马未都最早曾在中国文艺界很火。1980年代末,他与王朔等组建了"海马影视创作室",共同创作的电视剧《编辑部的故事》、《海马歌舞厅》等,很有影响。马未都第二次红火是在1990年代末的收藏界。1997年,他的"观复古典艺术博物馆"在北京成立,馆里除长年展出古家具,还定期举办专题展览、交流讲座等,很受行家好评。

与前两次在小圈子内的走红不同,近年马未都红遍了全国。

2008年11月,马未都走进央视容量最大的人物访谈栏目《大家》,讲述他的收藏人生。该栏目的采访对象,全部是科教、文化等领域有杰出贡献的"泰斗级"人物。作为创建中国首家私立博物馆的收藏家、文物鉴定家,马未都荣登《大家》宝座,当然是实至名归。但与那些平时低调、少受公众关注的"大家"们不同,马未都的大众"粉丝"极多。

从2008年元旦至2009年初,马未都在央视的《百家讲坛》作"马未都说收藏"系列讲座,长达50余集。与央视讲座的热播同步,中华书局于2008年出版了"马未都说收藏"系列图书,总销量突破100万册。其中的《家具篇》在北京中关村图书大厦首发式当天,便售出12 000余册。2009年5月,马未都又做

客央视《咏乐汇》讲述他的人生传奇,该档很侃的"闲谈秀",将他进一步推向大众。至此,马未都已经成为亿万人民心目中的当红明星。

马未都迅速蹿红,不仅因为他的收藏经验丰富,更是因为他因收藏而身家暴涨。

马未都透露,他的藏品多达5 000余件,以眼下行情,其总市值当数以亿计。马未都的藏品价格如此之高,跟"资源的稀缺性"有关。经济学认为:人类所利用的资源有"自由取用资源"和"稀缺资源"两类。前者可以无限取用,如旷野中的空气和水;后者相对稀少,如钻石、黄金。因为满足人类需要的稀缺资源数量有限,而人的需要无限,所以人类面临的最基本经济问题,便是需要的无限性和资源的稀缺性之间的矛盾。收藏品正是由于极具稀缺性,才自古价格不菲,甚至价值连城。

马未都粉丝们最为羡慕的,是他的亿元收藏却来自于白手起家。

马未都总结自己的成功经验是:"就一个'早'字。"他开始收藏中国古代器物在1980年代,那是一个如今看来不可思议的年代。他说:"中国的好多文物,比如成化斗彩杯从明中期到民国,一直特别值钱。但新中国成立后,突然不值钱了。"当时的收藏业与时下热得发烫相反,算得上冷得刺骨。马未都回忆道:"因为没有任何人关注,什么东西(当然是指古物)都不值钱,以至于谁买东西谁就是大爷,被货主追着卖。"

这种奇特现象,可以用经济学的"资源稀缺性的转换"原理解释。

经济学认为,人类不仅能根据需要使资源的稀缺程度增减,还可以因时空的改变,使"自由取用资源"和"稀缺资源"互相转化。比如,矿泉水、野菜等在乡村可以自由享用,但在城市却要付费,这属于"自由取用资源"转化为"稀缺资源"。手机最初要限量供应,后来可以交话费赠送,这属于"稀缺资源"转化为"自由取用资源"。

在1980年代之前,由于旧《文物法》对私人收藏的限制,在民间,本来稀缺的古代器物几乎变成"自由取用资源"。马未都恰好赶上了那个中国收藏史上少有的机遇,他说,当时官窑只值两块钱。相反,由于近年民间收藏合法化使民间收藏热涌起,国内的文物艺术品从"自由取用资源",很快变成了非常紧俏的"稀缺资源"。正像马未都说的,"从前许多人拿出来想换一台冰箱的东西,现在可以买下整个冰箱厂"。

大众追星,多是把明星当作自己的梦想。

马未都因为藏品价格陡增而红得耀眼,大众追捧他,无非是想复制他的收藏传奇，实现自己的发财梦。一次，马未都在《咏乐汇》上爆料：20多年前，他在安徽一家文物店错失了一件宣德盘，当时标价400元，现在最低值400万元。话音刚落，主持人李咏大呼"肠子悔青了"。相信，希望光阴倒流的，肯定也包括电视机前所有的观众。

那么，"马未都传奇"能够重演吗？

马未都的博物馆名为"观复"，取自《道德经》中"万物并作，吾以观复，夫物芸芸，各复归其根"，大意是说宇宙万物终究要回归源头根本。依照此意，似乎很多人错失的机遇还会重来。不过，马未都又说了一句极重要的话：成就他的是"千载难得的夹缝"。应该说，如果不再出现马未都经历过的"资源稀缺性"的剧烈转化，重演"马未都传奇"的机会，恐怕不止要"千年等一回"了。

相关资料链接：
1 《京城四大玩家马未都的收藏人生》凤凰网专稿 2010-05-04
2 艾辉《马未都：我是"万金油"》《南都周刊》2008-08-07
3 王福永《马未都和观复博物馆》《中国红木古典家具》2005-04
4 刘一达《京城玩家》经济日报出版社 2004年版

☆延伸阅读：资源的稀缺性

资源有限性与人们需要无限性的矛盾，是人类社会最基本的矛盾。

一方面，人类生存发展总是需要生活资料，人们的需要具有多样性和无限性。需要是由人的自然属性和社会属性决定的，有各种各样的内容，如生存需要、享受需要、发展需要、经济需要、政治需要、精神文化需要等。所有的需要形成一个复杂的结构，这一结构又随着社会环境条件的变化而变化。人们的需要不断地从低级向高级发展，不断地扩充规模。旧的需要满足了，新的需要又会产生，从历史发展过程看，人类的需要是无限的。

另一方面，资源具有有限性和不平衡性的特点，所以相对于人们的无穷欲望而言，满足人们需要的物品和劳务的资源总是不足的。相对于人们不断变化的需求结构和多样化的需求，在不同地区、不同国家、不同社会群体中，资源的分布是不平衡的。所以，人们不得不做出选择，在满足需求时分出轻重缓急，分出先后顺序。总之，资源结构和分布失衡，导致每一个体和群体都面对着资源稀缺性难题。

（摘自"百度百科"http://baike.baidu.com/view/1414002.htm）

10

冷门艺术品种，为什么也可以走热

☆ 认识误区之10："赵无极的抽象绘画，难以顺利登陆内地市场"
☆ 投资必备要诀：如果发生购藏攀比，再冷门的艺术也能成为热门。
☆ 阅读关键词汇：赵无极·抽象绘画·消费外部性·攀比效应

很多艺术品投资者以为，只有大众熟知的品种才值得投资。我们以抽象画家赵无极为例，完全可以颠覆这种看法。

赵无极是以"抽象"画风享誉世界的大师级人物，他拥有华人油画家的两顶市场桂冠：截至2011年9月，他以作品总成交额17亿868万元、千万元级作品49件，位居"中国油画家总成交额排名"和"中国油画家千万元级作品数量排名"两榜的榜首。特别值得称道的是，在2008年以来的全球性艺术品市场寒潮里，赵无极作品仍然是中国油画市场的中坚力量。2008年11月30日，他的《HOMMAGE A TOU-FOU》在"香港佳士得"以4 546万港元成交，为目前个人最高价格纪录。在2011年春拍，他的1959年作《2.11.59》和1963年作《14.11.63》分别在"香港佳士得"以4 098万港元、3 874万港元成交，为目前其个人价格纪录的第2位、第4位。

然而，不论在海外还是在内地，赵无极被市场接受都不一帆风顺，因为赵无极的"抽象"绘画很另类。

赵无极于1948年赴法国后，很快就与巴黎"皮埃尔画廊"签约，但到1953年，他把本来很好卖的具象画变得抽象后，在该画廊竟一年半卖不出一幅。幸运的是，赵无极的性情恰好与西方20世纪以来的现代艺术响应，满足了西方世界对东方的想象，正像批评家阿兰·儒夫瓦在法国《艺术》杂志中所说："赵无极的作品，清楚地表明中国人的宇宙论成为全球性的现代观点。"由于他的好友米肖等人的大力推介，尤其他1957年与"法兰西画廊"签约后，被长期投资运作，他作为"将中西方艺术结合得最为完美的人"融入了巴黎。至1970年代，他成为法国最杰出的中国艺术家，作品为许多世界级博物馆收藏。如今，赵无极与美籍设计师贝聿铭等，被誉为海外华人的"艺术三宝"；在法国，他是与长城和孔子齐名的中国文化符号。

赵无极绘画在国内市场，先兴起于台湾，然后火暴于香港。

1990年代初，台湾成为华人西画拍卖中心。1990年代中期，台北、台中两地画廊相继推动抽象画展，使市场上出现一波抽象绘画潮，赵无极和朱德群等的行情在1998年后一飞冲天。2001年，"佳士得"将台湾的西画拍卖移至香港，西画拍卖以大陆和海外华人作品成效突出。新世纪以来，赵无极作品在"香港佳士得"多次创造中国油画价格纪录，20件千万元级作品中，成交于该拍卖行的达15件。

赵无极绘画在海外和港台市场的行情跃迁，很好地体现了经济学中的"消费外部性"特征。

所谓"外部性"，是指在商品消费中，个人的需求取决于其他人的需求。消费的外部性类型之一是"攀比效应"，通俗地说，就是赶时髦消费。由于消费者发现很多人购买某种商品时，会增强自己对该商品的购买欲望，从而使该商品的总需求量大大增加。因为艺术创作具有很强的创造性，尤其是比较前卫的艺术潮流，往往会超出大众的现有接受习惯，所以，批评家和商业机构往往成为新艺术风格的推介者，成为接受趣尚的引领人。抽象绘画在西方的蔚然成风，赵无极在海外、港台的成功，正好证明了这一点。

但赵无极在内地被认可，比在法国和港台都曲折得多。

赵无极1979年受邀为贝聿铭设计的香山饭店创作壁画时，送去托裱的作品竟被直接放在满是尘土的地面上。1982年饭店举行揭幕仪式，一位经理竟自负地说："赵无极这样的画，我也会画。"一年后，赵无极应文化部之邀，先后在中国美术馆和浙江美术学院举办个展，尽管众多中国美术界大腕出面捧场，仍有很多观众议论："这画的是什么呀，分明什么都不像嘛。"直到上世纪末，赵无极的地位终于在中法交流中凸显出来。1998年朱镕基总理访法，希拉克亲自登门向赵无极求画，作为国礼。不久，"赵无极绘画六十年回顾展"在上海博物馆、中国美术馆、广东美术馆先后展出，成为中国艺坛的一大盛事，国家主席江泽民为展览题词:"氤氲化醇,融合创新"。

有元首的称道,市场自不怠慢。

表10-1 赵无极作品拍卖价格前10位(数据来源:雅昌艺术网2011-10-12)

序号	名称	估价	成交价(元人民币)	拍卖公司	拍卖日期
1	1968年作《10.1.68》	2 500万~3 500万港元	56 563 600	香港苏富比	2011-10-03
2	1956年作《HOMMAGEATOU-FOU》	咨询价	40 004 800	香港佳士得	2008-11-30
3	1959年作《2.11.59》	1 000万~1 500万港元	34 300 260	香港佳士得	2011-05-28
4	1964年作《17.4.64》	1 082.4万~1 458.8万港元	33 626 603	罗芙奥	2009-12-06
5	1963年作《14.11.63》	1 200万~1 600万港元	32 425 380	香港佳士得	2011-05-28
6	1957年作《Nous Deux(Wetwo)》	1 000万~1 500万港元	31 134 400	香港佳士得	2009-05-24
7	1956~1957年作《大地无形》	1 500万~2 000万港元	29 447 500	香港佳士得	2007-11-25
8	1959年作《14.12.59》	500万~800万港元	29 440 000	香港佳士得	2007-05-27
9	1985年作《4.4.85》	176.83万~274.39万美元	27 952 826	罗芙奥	2007-06-03
10	1959年作《19.11.59》	800万~1 200万港元	26 729 540	香港佳士得	2009-11-29

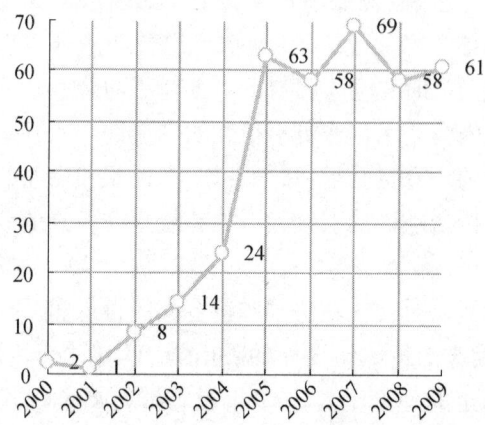

图10-1 赵无极作品2000~2009年成交量(单位:件)

近年来,伴随着抽象艺术展在京沪等城市遍地开花,伴随着抽象绘画价格在港台的节节攀升,赵无极的抽象绘画已经顺利登陆。在2008年5月的"北京保利"春拍中,他的1981年作《1.12.81》以1 098万元成交,首次在内地突破千万元。2010年12月,他的1961年作《5.12.61》在"北京匡时"以1 288万元成交。2011年6月,他的《25.5.2001》、《2.10.89/22.3.90》分别在"上海天衡"、"上海泓盛"拍出1 000余万元的好成绩。

在逼人的"外部性"购藏潮流中,不仅赵无极的抽象绘画,其他不为大众熟知的艺术品同样能够走热。

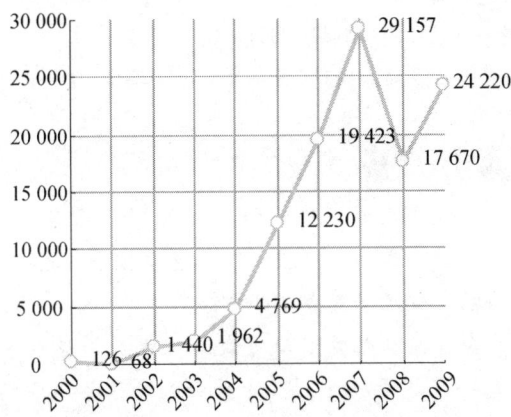

图10-2　赵无极作品2000~2009年总成交额（单位：万元人民币）

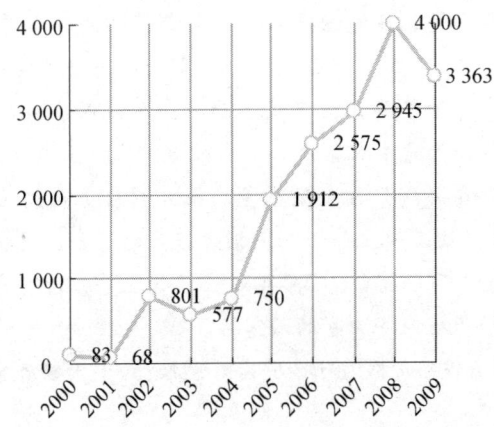

图10-3　赵无极作品2000~2009年最贵价格（单位：万元人民币）

相关资料链接：

1　邢晓舟《赵无极艺术历程寻踪》《美术观察》1998-10
2　刘阳《论中西文化交流的个人媒介——以程抱一、赵无极与米修为例》《当代外国文学》2005-01

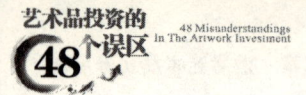

3 孙菱《三十年前和中国农民互画肖像,"新浪潮"代表人物热拉尔·弗罗芒热专访》《北京青年报》2005-01-21

4 陆彦《画家赵无极在法国的日子——讲述刻骨初恋与幸福晚年》《外滩画报》2009-01-22

5 陈惠黛《华人西画拍卖市场的发展沿革》罗芙奥《艺术与投资》2003-9

6 朱晴《曾遭冷遇的赵无极》《书摘》2004-12

7 陈波《欧洲第一华裔画家赵无极》《青年参考报》2002-06-26

☆延伸阅读:攀比效应

在中国的大城市,不仅那些真正有钱的人去买LV,即使那些月收入不算很高,但愿意挤压其他开销而省出钱来的上班族女孩子也希望手上能挎着LV。这样,这些奢侈品在我们的特定市场上就几乎变成了必需品。

在美欧发达国家,奢侈品与必需品消费者的"收入"界限一般是很清楚的。通常,一个人的收入达到一个数量级之后,才会加入奢侈品消费的行列。所以,除非是在高级社交场合,通常不会在纽约或者伦敦的街头遇见像北京、上海街头那么多的LV拎包者。

造成这个现象的原因是,在发达国家,高档奢侈品的消费需求更多地产生于经济学家所说的"虚荣效应"。由"虚荣效应"的驱使,某一品牌别人购买的越多,自己购买的欲望越小。高档奢侈品正好满足了这一条件。而在我们的一些高档奢侈品消费需求中,起主导作用的是个人需求的"攀比效应"。与"虚荣效应"不同,"攀比效应"指消费者对某个品牌产生消费欲望,很大程度上是因为其他人也购买了这一品牌。实际上,"攀比效应"主导一些高档奢侈品的消费,恐怕是新兴市场经济国家高端消费品市场的一个鲜明特征。"攀比效应"的主导,使得发达国家的一些高档奢侈品不断演变成新兴市场经济国家的必需品。

(摘自张军《国际奢侈品价格为什么境内外倒挂?》中国经济学教育科研网2011-02-28)

大众投票,为什么是投资者的好参谋

☆ 认识误区之11:"大众投票,无法选出具有市场潜力的画家"
☆ 投资必备要诀:艺术品发挥投资功能时,以社会偏好为中心,大众投票的结果很有价值。
☆ 阅读关键词汇:大众评选·专家评选·潜力画家·个人选择·社会偏好

在国内,关于画作和画家的各种评选,一直层出不穷。

2006年,浙商大会推出过"最具艺术价值浙派画家"和"最具投资潜力浙派画家"评选活动。活动由专家评分和公众投票两部分组成,二者的比重各为50%。经过两个月的紧张角逐之后,在杭州举行的"2006艺术品鉴赏及投资论坛"上,两份很受关注的榜单正式揭晓。

这种很受大众欢迎的评选方式,却遭到了一些专业人士的质疑。

在专业人士看来,大众的评选缺乏专业眼光,没有学术性。他们认为,评判者既要懂市场又要了解艺术史,判断画家的艺术价值,不能单凭感觉或者拍卖价格,而是需要综合多方面因素。甚至有些人认为,套用"超女模式"海选画家很低俗、很无聊,即使选上也是一种讽刺。在他们那里,最权威的评选机制,是完全由专家投票的"全国美展"。

那么,由专家投票的"全国美展"一定能胜此重任吗?

不尽然。比如"新生代"的代表画家刘小东,他在1989年创作了油画《青春故事》,试图拿它参加"全国美展"。虽然他觉得自己画得很好,却没有入选,他因此决定再也不参加美协的展览。谁会料到,过了18年之后,刘小东的与《青春故事》同期创作的《笑话》,在"北京保利"以1232万元成交。又过了一

年，他的《战地写生·新十八罗汉像》、《温床 NO.1》分别在"香港苏富比"和"中国嘉德"拍出 5 000 余万元的天价。这些数字，绝对会让那些当年"全国美展"的专家评委们咋舌不已。

我们即便抛开市场价值，仅就"艺术价值"而论，专家评选有时也会失效。

罗中立的《父亲》是个绝佳案例。1980 年 12 月，第二届"全国青年美展"在中国美术馆开幕，500 余件展品中，《父亲》非常醒目。可是由于评委们的意见难以达成一致，如何公正评价每件作品，竟成了难题。最后，评委只好把评判权交给了观众，让观众为作品打分投票。热情的观众投了《父亲》800 多票，票数比第二名高出 700 多，《父亲》因此一举夺得金奖。之后，《父亲》成了中国当代美术史上的一座里程碑。

可见，专家有时也会走眼，大众有时也会眼睛雪亮。

这句话换个说法便是：专家和大众的投票同样都不完全可靠。

关于投票的可靠性问题，美国经济学家肯尼斯·阿罗很早就做过深入探讨。1951 年，他在《社会选择和个人价值》一书中，运用数理逻辑分析工具，得出了轰动西方经济学界的"不可能性定理"。该定理是社会选择理论的最著名观点。所谓"社会选择"，是以社会偏好为中心的选择；而与之相对的"个人选择"，则是以个人偏好为中心的选择。阿罗"不可能定理"认为：在绝大多数情况下，用投票方式汇集不同个人偏好做社会选择，其结果，不可能合乎大多数人的意愿。

既然所有投票评选的结果都不完全可靠，那么美术界的各种评选活动都毫无价值可言了吗？

当然不是，至少艺术品投资者可以从中受益。在市场经济中，艺术品既有消费功能、也有投资功能。如果是艺术消费者，他的购买选择会以个人偏好为中心，此时用投票方法所做的评选结果，确实与个人的选择没什么干系。然而，当艺术品作为投资品种的时候，情形就发生了改变。艺术经济学家马健在《收藏品投资》一书中指出：作为纯粹的投资者，他的理性行为并非选择自己喜欢的收藏品，而是选择最可能有人花更高价格从他手上买走的收藏品，即使它制作得拙劣呆板、平淡无奇。

任何事情都不是表面看到的那样简单，艺术品市场更是如此。

尽管"最具艺术价值浙派画家"和"最具投资潜力浙派画家"评选受到质疑，但在其后，各地类似的评选活动相继出炉，并没有像一些人预料的那样昙花一现。相信，从这种平民化、大众化的评选活动中，聪明的投资者已经获益。

相关资料链接：
1 于娜《画家评选能拿来娱乐吗?》《中国商报·收藏拍卖导报》2006-08-24
2 《罗中立创作〈父亲〉背后的故事》中央电视台 2006-10-18
3 马健《收藏品投资》经济科学出版社 2010 年版
4 文刀《画家学超女 PK，揭密网络投票评选"最具价值艺术家"活动》2006-05-31

☆延伸阅读：浙派画家评选

由"2006 浙商大会"组委会主办，由《浙商》杂志社、杭州一支梅艺术品（投资）有限公司等单位承办的"2006 艺术品鉴赏及投资论坛"暨"浙派画家"评选活动，由评选委员会根据艺术品的收藏标准、投资价值，从数百名浙派画家中推选 40 名提名画家。《浙商》杂志、美术报、《收藏》杂志、"2006 浙商大会"官方网站（浙江在线）将全面介绍提名画家及代表作品，并开通网络投票和随刊发放选票。同时成立评选组委会，对画家及其代表作品进行专业评估。

"2006 浙商大会"期间，邀请著名专家、权威机构领导人、知名浙商、职业收藏者，召开"2006 艺术品鉴赏及投资论坛"，隆重为"2006 最具艺术价值浙派画家"、"2006 最具投资潜力浙派画家"颁奖。同时，在首届浙商投资博览会（杭州世贸中心）"综合项目馆"设立"浙派画家作品"展区，对提名画家、获奖画家的百余幅作品进行展示鉴赏。

"2006 艺术品鉴赏及投资论坛"暨"浙派画家"评选活动，借助 2006 浙商大会召开的契机和平台，以专业、权威的视角，弘扬"浙派"艺术，推动文化大省的建设。活动主办方专程邀请了中国美术学院教授、著名美术评论家毛建波先生，国家文物局文物鉴定专家刘东瑞先生，故宫博物院研究员、书画鉴定专家杨臣彬先生，上海大学美术学院教授徐建融先生等 5 位艺术界著名学者、书面鉴定专家、著名评论家成立专家团队。

同时，在评选过程和评选方式上，也更为公正、科学。40 名提名画家可由评选委员会提名，也可由读者和公众推荐。而最终的 10 名"2006 最具艺术价值浙派画家"和 10 名"2006 最具投资潜力浙派画家"，由专家评选委员会鉴定评分和公众投票各以 50% 比例权重产生。

（摘自童丽莉《最具艺术价值浙派画家等你来评选》浙江在线新闻网 2006-03-29）

12

艺术品的消费时代，为什么尚未到来

☆ 认识误区之12："中国百姓的艺术品消费势头很旺"
☆ 投资必备要诀：艺术品投资，必须瞄准高端人群。
☆ 阅读关键词汇：需求收入弹性·恩格尔定律·国内收入状况

中国在GDP连年高速增长的背景下，艺术品市场正跑步追欧赶美。大都市里，许多与艺术相关的展览、拍卖、画廊、艺术区，可谓风起云涌。与过去相比，中国人的腰包确实鼓了许多，但他们当真可以像欧美那样消费艺术品了吗？

我们先看看美国的艺术品消费。

美国的城市化程度很高。2002年，其都市地区人口已达2.26亿，占总人口的80%；2010年，其都市地区人口为2.58亿，占总人口3.08亿的绝大多数。在美国的许多城市，分布着很多规模不等的画廊，经常会有市民流连其中，间或扛一幅画回家。大多普通的美国家庭，都会有装饰性的油画陈设，在2006年，全国仅进口的装饰用油画，就高达40亿美元。由此可见，美国是艺术品消费很普及的国家。

中国的艺术品市场完全是另一番景象。

截至2008年，中国的13.3亿人口仍有7.21亿在农村，他们的艺术品消费几乎为零。另外的6.07亿城市人口，状况也并不乐观。在经济文化中心的京、沪等城市，虽然不时从拍卖市场爆出天价，不时有白领光顾画廊，但终端艺术购藏者只是很少数的新富、新贵阶层，大多数普通城市居民都与艺术品消费无关。相比美国，中国的艺术品消费市场还是局部现象，属于"头部发烫、浑身冰凉"。

红火的中国艺术品消费市场，为什么只集中在"头部"？

根源在于我们的国民收入状况。经济学认为，除了食盐等特殊商品，绝大多数商品的购买量受消费者收入的影响。其影响程度用"需求收入弹性"表示：如果购买量随着收入的提高反而下降（如旧货），其"需求收入弹性"＜0，该种商品属于"劣质品"；如果购买量随着收入的提高而增加（如家用轿车），其"需求收入弹性"＞0，该种商品属于"正常品"。在正常品中，"必需品"和"奢侈品"的需求收入弹性又有区别："必需品"（如蔬菜）的"需求收入弹性"＜1，其购买量随收入提高而增加的幅度不大；"奢侈品"（如珠宝）的"需求收入弹性"＞1，其购买量会随收入提高而显著增加。

从"劣质品"到"必需品"、再到"奢侈品"的收入弹性变化，表明消费者收入提高后，购买商品的档次逐步升级：当收入极低时，只能购买"劣质品"；当收入有所提升后，逐渐用"正常品"取代"劣质品"；当收入进一步升高，开始大量购买"奢侈品"。

对此，著名的"恩格尔定律"表达得更为明确。

1857年，恩格尔收集到153个比利时家庭的预算支出数据，从中得出了消费行为法则：在总支出中，用于购买食物的比例随着收入的上升而减少。许多横向比较研究也表明，与发达国家相比，不发达国家消费者用于购买食物的支出比例更大。一国的纵向数据表明，随着消费者收入的增加，其用于购买食物的支出比例逐渐减少。表示该比例的"恩格尔系数"，已经成为衡量消费者贫困程度的重要指标。联合国粮农组织提出："恩格尔系数"在59%以上为贫困、50%~59%为温饱、40%~49%为小康、30%~39%为富裕、30%以下为最富。

因为食物是最典型的"必需品"，"恩格尔定律"也证明：不同收入水平者的"必需品"和"奢侈品"消费比例，相差悬殊。

美国的"全民式艺术品消费"，正是得益于其居民的高收入。2007年，美国的人均年收入为3.76万美元，世界排名第4。中等收入者用于食物等必需品的支出，仅占其收入的很小比重，所以艺术品等奢侈品消费成为他们的常态。但在中国，据国家统计局数据，2009年农村居民的人均纯收入为5 153元、人均消费性支出为3 993元、恩格尔系数为41.0%。这意味着，农村居民人均用于食品的支出1 600余元，可用于其他方面的支出仅2 300余元。食品与衣着、居住、交通通信等生活必需品的支出之和，已达总支出的77.0%，而教育文化娱乐服务支出占总支出的8.5%、仅为341元。算来，能用于购藏艺术品的支出几乎为零。

同样在 2009 年，国内城镇居民的人均可支配收入为 17 175 元、人均消费性支出为 12 265 元、恩格尔系数为 36.5%。城镇居民的人均食品支出近 4 500 余元，可用于其他方面的支出不足 8 000 元。食品与衣着、居住、交通通信等生活必需品支出之和，达总支出的 70.7%，而教育文化娱乐服务支出占总支出的 12.0%、仅为 1 472 元，能用于消费艺术品的支出同样不多。即便城镇中的 10% 最高收入家庭，人均总消费性支出也只有 29 004 元，文化教育娱乐占 14.2%、仅为 4 116 元。可见，在大多数中国城镇家庭，艺术品也不能成为必需的消费品。

数据表明，在中国能够消费得起艺术品的，只有极少量的高端人群。

我们看到，中国的富有企业主，已经从购买品牌服饰过渡到讲究家居装潢、再到收藏艺术品，成为各大艺术品拍卖场的活跃买家。而其中的白领阶层，虽然钱袋日渐充盈，但消费目标仍停留在物质层面上，对艺术品的需求尚在起步。至于绝大部分居民，收入刚刚可以解决温饱，消费艺术品是做梦都不敢想的事情。

看来，实现中国艺术品消费市场的"暖遍全身"，道路还极其漫长。这是很重要的一个投资前提。

相关资料链接：
佚名《有多少钱才敢玩艺术品?》《时尚 COSMOPOLITAN》2008 – 05 – 20

☆延伸阅读：人均 GDP 与社会行为

经济：当人均 GDP 超过 3 000 美元后，往往是一个地区经济变动较快的阶段，城市化、工业化进程会加速发展，居民消费类型将发生重大转变。当人均 GDP 达到 5 000 美元后，经济快速发展不仅带来经济总量增长，还带来社会经济成分、组织形式、利益关系和分配方式的日益多样化。

文物：当人均 GDP 达到 3 000~8 000 美元时，历史文化遗产最易遭破坏。

消费：当人均 GDP 达到 1 600 美元，恩格尔系数一般为 33%，服务性消费支出占个人消费支出 50%。我国人均 GDP 在 2005 年已达到 1 600 美元水平，但城镇居民服务性消费支出仅占全部消费性支出的 28%，预示着居民服务性消费将成为消费增长的主要空间；2006 年我国城乡居民恩格尔系数持续下降，城市居民家庭为 35.8%，农村家庭为 43%，预示着我国已经达到居民消费结构升级的临界点。

收藏：当人均 GDP 达到 1 000 美元时，艺术品收藏市场才能启动；当人均 GDP 达到 8 000 美元时，艺术品收藏市场会出现繁荣。

投资：当人均 GDP 达到 3 000 美元时，住房是投资热点；当人均 GDP 达到 4 000

美元时，教育会成为关注的重点；当人均GDP达到5 000美元时，医疗卫生将是消费的增长点。

理财：当人均GDP达到1 000美元时，社会将普遍出现理财需求，并开始转型为理财社会。

股市：当人均GDP达到1 000美元后，居民消费结构会出现质的飞跃，投资需求逐步显现；达到2 000美元后，大量中产阶级出现，财富开始积累，金融资产的比重快速上升，股市将进入长期繁荣阶段。

（摘自鲁慢《人均GDP与人类活动及行为的变化关系统计》湘西论坛网）

13

不同类型艺术品,为什么投资价值迥异

☆ 认识误区之13:"艺术品是生活的必需品"
☆ 投资必备要诀:分清艺术品的劣质型、必需型、奢侈型之别。
☆ 阅读关键词汇:劣质型艺术品·必需型艺术品·奢侈型艺术品

  对于绝大多数商品而言,需求量的大小受制于多种因素,经济学称之为"需求弹性"。其中的"需求收入弹性",指消费者对某种商品的需求量受其收入量的影响。依据需求量受收入影响程度的不同,可以将商品划分为劣质品、必需品、奢侈品三类。其中,"劣质品"如旧衣物、旧电器等,需求量会随消费者收入提高而降低;"必需品"如粮食、食用油等,需求量会随消费者收入提高而略有增加;"奢侈品"如名贵珠宝、艺术品等,需求量会随消费者收入提高而显著增加。

  恩格尔定律表明,不同收入水平者"必需品"和"奢侈品"的支出比例相差悬殊。

  家庭收入越少,"必需品"支出比例越大;随着家庭收入增加,"必需品"支出比例减少,而"奢侈品"支出比例加大。正由于西方发达国家的国民收入普遍较高,造就了大众化的艺术品消费。而在中国,由于居民收入普遍较低,看似红火的艺术品购藏其实很局部。

  在国内并不普及的艺术品消费中,消费品质仍有高下之别。

  统而言之,艺术品是人们在满足生活"必需品"之后才有能力享受的"奢侈品"。但需求的收入弹性变化表明,随着消费者收入的提高,购买商品的档次会逐步升级:"劣质品"逐渐减少,"奢侈品"逐渐增加。同理,随着消费者收入的增加，所需艺术品的品质也会水涨船高。据此，我们不妨将艺术品划分为"劣质型艺术品"、"必需型艺术品"、"奢侈型艺术品"三类。

目前，大多数国民的艺术品消费处于"劣质型"。

最典型的"劣质型艺术品"，当属各种粗劣的赝品。赝品盛行是中国艺术市场的顽疾，据估计，拍卖市场上的一半拍品是赝品。有资深人士断言，已上拍的数千件徐悲鸿作品中，真迹不足5%。在普通画店，仿制的名家名作更举目皆是。赝品的泛滥，除鉴定乏力和商家恶意操作等原因外，也与庞大的赝品需求有关。一些解决了温饱的居民有意为居室增添摆设，但苦于资金有限，只能选择品质很差的赝品。他们知假买假，是看中了赝品的低廉价格。曾有一幅托名徐悲鸿的中国画立轴，拍卖成交价竟仅为2 000余元，而地摊上的印刷品《清明上河图》，售价仅数十元。

当然，少数富裕家庭的艺术品消费已经升级到"必需型"。

越来越多的中高收入者把购买艺术品当作时尚，家庭陈列有档次的艺术品成为"必需"的消费，这便是近年市场兴起的"买得起的艺术"。"买得起的艺术"多为普通艺术家原作，也有高质量的名作复制品，品种包括油画、摄影、雕塑、版画等。在海外，"买得起的艺术"因价格较低，市场庞大，交易量远大于高价艺术品。伦敦"廉价艺术品博览会"上，每件艺术品的价格在3 000英镑之内，纽约"买得起艺术博览会"上，每件艺术品的价格在100~10 000美元之间。

在国内，消费"必需型艺术品"的主力军主要是企业主和白领群体。据《上海证券报》的一份问卷调查显示：七成艺术品消费者的年收入在10万元以下，二成年收入在10万~100万元；六成艺术品消费者的接受价位在1万元以下，二成的接受价位为1万~5万元。他们购买艺术品主要目的是装饰家居，七成以上消费者会把艺术品挂在客厅或卧室，并长期收藏，而以投资为目的者仅占25%，把作品放在库房封存起来的仅有4.3%。

然而，国内的"奢侈型艺术品"消费者尚属凤毛麟角。

奢侈品在国际上被定义为："超出人们生存与发展需要范围的，具有独特、稀缺、珍奇等特点的消费品"，它可以很好地满足富裕阶层的个性化和身份认同需要。至2007年底，国内拥有100万美元以上资产的富人已达41.5万，他们平均拥有财富达510万美元，奢侈品消费遂成国内新兴热点。2009年，中国奢侈品消费已占全球市场的25%，跃居世界第二。不同阶层的奢侈品标准各异，工薪阶层的奢侈品可能是一瓶香水、一辆汽车，而富豪们的奢侈品可能是豪华游艇、顶级艺术品。

表13-1　2009年中国农村居民人均生活消费支出

（单位：元人民币；数据来源：国家统计局2011-4-12）

	低收入户（20%）支出及占比		中低收入户（20%）支出及占比		中等收入户（20%）支出及占比		中高收入户（20%）支出及占比		高收入户（20%）支出及占比	
总支出	2 355	100%	2 871	100%	3 546	100%	4 592	100%	7 486	100%
食品	1 107	47.0%	1 317	45.9%	1 550	43.7%	1 862	40.5%	2 602	34.8%
衣着	136	5.8%	164	5.7%	210	5.9%	269	5.9%	437	5.8%
居住	430	18.3%	534	18.6%	655	18.5%	895	19.5%	1 731	23.1%
交通通讯	190	8.1%	240	8.4%	328	9.2%	469	10.2%	911	12.2%
文化教育娱乐	156	6.6%	210	7.3%	296	8.3%	416	9.1%	722	9.6%

表13-2　2009年中国城镇居民人均消费性支出

（单位：元人民币；数据来源：国家统计局2011-4-12）

	人均支出及占比		最低收入户（10%）支出及占比		低收入户（10%）支出及占比		中等偏下户（20%）支出及占比		中等收入户（20%）支出及占比		中等偏上户（20%）支出及占比		高收入户（10%）支出及占比		最高收入户（10%）支出及占比	
总支出	12 265	100%	4 901	100%	6 743	100%	8 739	100%	11 310	100%	14 964	100%	19 264	100%	29 004	100%
食品	4 479	36.5%	2 294	46.8%	3 009	44.6%	3 640	41.7%	4 410	39.0%	5 367	35.9%	6 360	33.0%	8 135	28.1%
衣着	1 284	10.5%	458	9.4%	684	10.2%	962	11.0%	1 264	11.2%	1 601	10.7%	1 986	10.3%	2 782	9.6%
居住	1 229	10.0%	579	11.8%	735	10.9%	881	10.1%	1 131	10.0%	1 493	10.0%	1 775	9.2%	2 863	9.9%
交通通讯	1 683	13.7%	395	8.1%	582	8.6%	861	9.9%	1 285	11.4%	2 048	13.7%	3 182	16.5%	5 859	20.2%
文化教育娱乐	1 473	12.0%	457	9.3%	666	9.9%	954	10.9%	1 290	11.4%	1 808	12.1%	2 461	12.8%	4 116	14.2%

遗憾的是，尽管国内艺术市场天价频现，但其中大部分买家的购藏动机并非消费，而是投资。在经济学中，消费是指将产品用于满足生活需要，是经济活动的终端环节；而投资是指以当前的财产累积求取未来的收益，是经济活动的中间环节。国内艺术品市场的许多买家，由房地产市场和证券市场转战而来，他们将艺术品看作"挂在墙上的股票"，购买目的是倒卖获利。能够消费得起"奢侈型艺术品"的，既要具有鉴赏能力，又无需利用艺术品赚钱，他们才是真正的高端藏家。中国艺术品的"亿元时代"已经开始，正是这部分极少数的"大鳄"级藏家，撑起了高端艺术市场。

国民收入及艺术品消费意识的相差悬殊，造成了艺术购藏中"劣质品"、

"必需品"和"奢侈品"并存。赝品、精品、极品的鱼龙混杂，正源于此。

相关资料链接：
1 《赝品充斥艺术品市场：6-8万赝品拍到800万》央视经济半小时 2011-03-30
2 牟建平《真迹百余幅却现千件拍品，徐悲鸿伪画充斥拍卖场》《美术报》2009-03-31
3 李沛珂《年底假画频频"现身"伎俩：团伙作案，用"托"欺骗》《兰州日报》2010-12-27
4 宋继瑞《购买者众多，艺术品低端消费市场交易量惊人》《上海证券报》2008-08-02
5 朱晓佳《消费型收藏离我们多远》《中国文化报》2011-01-14
6 方翔《极少数"大鳄"级藏家撑起亿元艺术品交易市场》《中国文化报》2011-04-14

☆延伸阅读：买得起的艺术

近几年，艺术品市场的升温、天价作品的诞生，凝聚了越来越多的关注目光。与此同时，能够满足大众购买艺术品愿望的廉价艺术品，也撩动了国人对艺术品的占有欲，"买得起的艺术"（Affordable Art）的概念也应运而生。而海外，"买得起的艺术"早已形成比较成熟的市场。

早在1999年，以"买得起的艺术"为主要销售对象的廉价艺术品博览会（Affordable Art Fair）就在伦敦诞生。发展至今，伦敦的廉价艺术品博览会已经扩大到有120家参展画廊参展，这从一个侧面也反映了海外廉价艺术品一级市场的庞大。在这个廉价艺术品博览会上，艺术品的价格都在3 000英镑之内，是普通人能够接受的价格。买家能够在博览会上买到油画、摄影、雕塑、版画等各种当代艺术种类。

除了早已声名在外的伦敦廉价艺博会外，纽约、悉尼、墨尔本、阿姆斯特丹等城市也都有大大小小的艺博会或者艺术节。于2008年6月12日开幕的纽约"买得起艺术博览会"吸引来自美国、欧洲、亚洲、南美洲的70家画廊参加，参展艺术作品形式涵盖油画、雕塑、摄影、video、版画等，所有作品的价格都在100～10 000美元之间，是名副其实的"买得起的艺术"。

海外的廉价艺术品的交易量惊人，甚至比高价艺术品的交易量要大得多，但是交易额仅占整个艺术市场交易份额的5.2%左右。不过，在廉价艺术品博览会上，除了满足大众对艺术品的占有欲，享受购买艺术品的乐趣外，也能发现当代艺术的价格洼地，以从低端的市场起步，获得较好的收益。

海外的"买得起的艺术"做得有声有色，国内的"买得起的艺术"也日渐起色。已经成功举办了三届的"买得起的艺术节"让"买得起的艺术"概念深入人心；一些画廊也有意或者被迫开始经营价位比较低廉的艺术品；一些艺博会也专门推出了

"买得起的艺术"项目；某些拍卖公司也瞄准中低价位的作品。当代艺术生态链上的各个环节也都开始涉足"买得起的艺术"，尤其随着国民经济的发展、国民富裕度的提高、住房面积的增大，越来越多的中产阶级开始把购买艺术品作为一种时尚的生活方式，有品位的象征。

（摘自宋继瑞《购买者众多，艺术品低端消费市场交易量惊人》《上海证券报》2008-08-02）

14

假拍盛行，为什么不只是拍卖行惹的祸

☆ 认识误区之14："治理艺术品'假拍'，只能从拍卖行入手"
☆ 投资必备要诀：在假拍中，不谙行情的跟风者被肆意宰割。
☆ 阅读关键词汇：假拍·虚报成交额·佣金·跟风

"假拍"历来被看作艺术品市场的乱象之一，而2011年6月10日"中拍协"发布的《中国文物艺术品拍卖企业自律公约》，更让人们体会到"假拍"问题的严重。

在《公约》近10条的禁止性条款中，唯有"假拍"行为被冠以"坚决杜绝"字样，可见其危害大。《公约》最末一条"及时公布行业经营情况和有关数据，自愿接受媒体等社会各界的监督"，很容易让人联想起促动《公约》发布的重要事件：新华社"中国网事"发文证实，国内四大艺术品拍卖公司涉嫌虚报成交额。连行业巨头都不能幸免，可见"假拍"风气流行之盛。人们在惊愕之余，不禁要问"假拍"盛行的原因何在。

很多人会将"假拍"归咎于拍卖公司的道德操守，但事实并非如此。

美国经济学家赫舒拉发在其《价格理论及其应用》一书中讲解"效用"时，引用了进化论观点：所有生物的体型及其行为都是自然选择的结果。自然界迫使每种生物在与其他生物竞争时，争取生存成功率的最大化。比如鸟类的高超视觉、蝙蝠的高超听力，并非它们自己的设计，而是自然界"适者生存法则"选择的结果。同样，人类的行为偏好也并非自己刻意为之，而是社会生存环境选择的结果。

拍卖公司采取的经营方式，同样如此。

作为企业的拍卖公司，难免以赢利为目标，"假拍"如何让它实现利益的最大化呢？拍卖公司的主营收入是佣金，它一般会向买卖双方（买受人和委托人）分别收取落槌价10%左右的佣金，其实际盈利额完全取决于成交额的多寡。成交额不仅是提取佣金的基数，还会作为企业实力的标志，被客户看重。成交额越大，说明企业的实力越强，拍卖成功的可能性越大，越能吸引委托人和买家进场，越能提高其收益。这样，拍卖公司便有了夸大成交额的冲动。

那么，拍卖公司虚报成交额是否存在风险呢？

风险之一，可能增加纳税额。按现行税法，拍卖公司需缴纳营业额5%的营业税。拍卖公司必须仔细权衡，因虚报成交额招揽生意获得的佣金，能否多于多缴的税款。不过，从"中国网事"调查的数据看，4家拍卖公司并没有依据发布的成交额缴税。尽管事件曝光之后，税务部门表示将调查相关企业可能存在的违法行为，但实际上，如果拍卖公司已经按真实营业额完税，并不涉嫌偷漏税。虚报成交额与税收征管的脱节，让拍卖公司的税务风险几乎为零。

风险之二，如果被客户识破，信誉会大打折扣。依常理，买卖双方在虚报成交额的诱导下入场，是虚假信息的受害者。但事实上，目前活跃在艺术品拍卖市场的多是投资者，许多人既是买家也是卖家。在愈演愈烈的大牛行情中，他们不但没有受害，反而得利。此次怒斥"假拍"的是旁观的网民，证实假拍的是旁观的媒体，那些"假拍"的"上当者"反而对此心照不宣。

这般生存环境，让拍卖公司虚报成交额好处多多，想不做都不行。

在演绎多年的"假拍"大戏中，唯一可能吃亏的是不谙行情的跟风者。他们多由股市转战而来，对艺术市场陷阱知之甚少。糟糕的是，在艺术品拍卖行业内，还没有建立及时公布经营情况及数据的制度，相关的监督机制也并不健全，跟风者很容易成为任操盘者宰割的"鱼肉"。

"假拍"可以继续多久呢？

还要看在未来的生存环境中，拍卖公司能否因"假拍"继续获利。就在《中国文物艺术品拍卖企业自律公约》发布后不久，由文化部和"中拍协"主办的"艺术品市场规范建设工作通气会"在京举行。会上，文化部市场司官员透露：旨在"建立艺术品市场从拍卖交易、画廊经纪、销售、展览展销、进出口，到鉴定评估、产业聚集区等全产业链的管理制度"的《艺术品市场管理条例》，已形成草案，一部专门的艺术品市场法规呼之欲出。

据说，一种生活在6 000余万年前的植食恐龙，因为食物丰盛越长越大（重达百余吨），后来却由于植物大量消亡而遭遇灭顶之灾。但愿这种悲剧不要在"假拍"者中上演。

相关资料链接：
《中国文物艺术品拍卖企业自律公约》雅昌艺术网专稿2011-06-11

☆延伸阅读：私募基金和拍卖行的假拍

私募基金在囤积了艺术品后，会大量采用"假拍"炒作，因为见效极快。假拍就是左手倒右手，只为炒高价格。基金和拍卖行私下说好，无论艺术品最终拍出什么价格，基金都只需要支付20万元左右而不是成交价10%的佣金。这主要是出于成本节约上的考虑。2010年以来，业界就不断传出消息，为了加大炒作效果，有些私募基金不惜去纽约、香港的国际著名拍卖行进行"假拍"。国际著名的拍卖行是不会和基金"谈"佣金的，在那里炒作要付出巨额成本，炒作艺术品的暴利由此可见一斑。

艺术品拍卖行背后的灰色产业链早已非常成熟，各种拍卖行各显神通。中等的，除了正常业务外，还为变相行贿、贪污搭桥。行贿者、受贿者和拍卖公司三方事前商定好，由受贿者送来一件赝品，由拍卖公司鉴定为真品，并加以炒作，最后由行贿者高价拍得。高级的拍卖行名气大，自然成了画家炒作的最好平台。早些年，多是画家雇人在拍卖会上哄抬价格，把自己的画价格炒高。后来一些上市公司加入其中。一般的做法是，由上市公司购买一批艺术品，然后在拍卖市场炒高价格，再由关联企业接手。虽然在艺术品交易上不仅没赚钱，反而损失一大笔手续费，却能大幅改善上市公司业绩。有时候，上市公司专门囤积某个艺术家的作品，然后拿出一两件炒作，囤积的艺术品水涨船高，此时进行企业资产的评估，自然又是一个结果。

（摘自姜智鹏《艺术品交易市场黑幕：变相行贿假拍炒作满天飞》《瞭望东方周刊》2011-10-12）

回流艺术品，为什么不是普遍优质

☆ 认识误区之15："从海外回流艺术品中，容易淘得宝贝"
☆ 投资必备要诀：一些"回流艺术品"的捧家不是猎豹，而是群羊。
☆ 阅读关键词汇：回流艺术品热拍·从众·羊群效应·兜售赝品

热衷舶来品，是国人消费的一大特征。在国家外汇储备几乎多得烫手、民间巨富们几乎富得流油的时候，高品质的舶来品自然更被垂青。伴随着大批富豪远赴海外采购豪宅、奔走香港抢购外国名牌奢侈品，艺术品市场也劲刮"海外回流"风。面对舶回的艺术品，买家们如饕餮聚首，胃口大开。

2009年开始，回流艺术品的热拍让人眼晕。

仅以"北京保利"的书画拍卖为例。2009年春拍，"比利时尤伦斯夫妇珍藏专场"的18件拍品全部成交，总成交额近1.7亿元；同年秋拍的"比利时尤伦斯夫妇珍藏重要中国书画专场"，吴彬《十八应真图》以1.69亿元创中国绘画最高价；2011年春拍，在"吴冠中重要绘画作品"专场上，来自全球各地的25件作品总成交额达5亿元，其中《狮子林》以1.15亿元刷新中国现当代绘画价格纪录。

回流艺术品受捧的流行理由是，内地拍卖市场经过10余年的高速发展，高端艺术品已经集中到少数人手中，买家不得不从海外淘宝。除了天价屡现，上拍的回流艺术品数量也相当可观，回流专场在各大拍卖公司不可或缺。据统计，目前回流艺术品占总拍品的四成，一些著名拍卖行的比例会更高。在回流古书画行情的带动下，所有回流艺术品的成交率大大高于一般拍品，买家大有来者不拒之势。

然而在内行看来，回流艺术品的质量远非想象那样上乘。

大收藏家马未都称：近年的回流艺术品中，精品不到总量的一成，"好的东西根本没回来"。其原因很简单，尽管国内艺术品行情渐佳，但藏家的财力远不及国外，出价差之甚远。所以，散落到海外的顶尖艺术品很难回流。回流艺术品中精品寥寥，而买家在拍场趋之若鹜，二者形成了鲜明的反差。

这不免让人怀疑，国人的"从众症"再度发作。

经济学将从众心理生动地比喻为"羊群效应"，是说在羊群前面横放一根木棍，头羊率先跳过去后，第二只、第三只也会跟着跳过。此时如果把棍子撤走，后面的羊走到那里仍然会像前面的一样，向上跳一下才通过。"羊群效应"曾在国内频频发生。比如2003年"非典"期间，因为传闻白醋可以增强免疫力，在某些城市竟将其价格哄买至每斤50元。2011年日本核泄露后，因为传闻食盐可以预防核辐射，国内迅速掀起了一轮抢盐潮。

就像跟着头羊可能吃到好草一样，人类的"羊群效应"在某些情形下的确有可取之处。

通常在信息不对称时，跟风可以降低风险。尤其在资本市场，由于信息不完全和不确定，投资者很难做出准确的市场判断。相对而言，机构投资者更容易获得有效信息，小投资者出于安全和信息成本考虑，往往会追随其后。而庄家的"消息"一旦被传播放大，往往被小投资者们像羊群般跟风，一幕幕追高杀跌的大戏就此上演。

正如股市上的"羊群"屡战屡败一样，艺术品市场的跟风者也有陷入骗局的危险。

"羊群"个体的理性行为，传染后便形成了整体的非理性，市场操控者经常会利用"羊群"的盲从布设陷阱。据说，海外拍卖公司虚造行情的案例并不少见，他们也会自己做"托"拉抬拍品价格，再以其为标杆推出同类拍品。海外同样也不乏善于"讲故事的人"，他们会将藏品的来历描述得凿凿有据。此外，还有人将次品辗转到国外镀金，再以回流名义到拍场圈钱，甚至以回流的名义兜售赝品。

必须注意的是，当海外回流成为拍场的金字招牌时，"羊群行为"的脆弱性会随时呈现。

"羊群行为"的基础是信息的不对称，但市场信息总会逐渐透明起来。那些误以为国外遍地是黄金的买家，肯定把自己当成了腿急眼快的猎豹，才勇于冲入

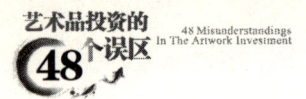

回流专场袭珍猎奇。而当他们发现有越来越多的回流专场亮相，有越来越多的回流艺术品鱼目混珠，"羊群行为"便面临瓦解。无疑，这场喧嚣中的最大输家，将是可怜的"群羊"。谁都知道，"非典"和核泄露事件安顿下来之后，白醋与食盐的价格统统回到了每斤一二元钱。

相关资料链接：

1 徐毅儿《"海外回流"艺术品占半壁江山，拍价屡创新高》《信息时报》2009－12－28
2 《吴冠中〈狮子林〉1.15亿元创造中国现当代艺术品世界成交纪录》《保利新闻》2011－06－03
3 姜琳琳《"海归"中国艺术品"回流"缘何成了金字招牌》《北京商报》2011－05－06
4 杨列《展望拍场趋势：回流艺术品专场，下一轮的资本博弈？》《艺术市场》2010－08

☆延伸阅读：羊群效应

经济学里经常用"羊群效应"来描述经济个体的从众跟风心理。

有则幽默讲：一位石油大亨到天堂去参加会议，走进会议室发现已经座无虚席，没有地方落座，于是他灵机一动，喊了一声："地狱里发现石油了！"这一喊不要紧，天堂里的石油大亨们纷纷向地狱跑去。这时，这位大亨心想，大家都跑了过去，莫非地狱里真的发现石油了？于是，他也急匆匆地向地狱跑去。

法国科学家让亨利·法布尔曾经做过一个松毛虫实验。他把若干松毛虫放在一只花盆的边缘，使其首尾相接成一圈，在花盆的不远处，又撒了一些松毛虫喜欢吃的松叶，松毛虫开始一个跟一个绕着花盆一圈又一圈地走。这一走就是七天七夜，饥饿劳累的松毛虫尽数死去。而可悲的是，只要其中任何一只稍微改变路线就能吃到嘴边的松叶。

很多时候我们不得不放弃自己的个性去"随大流"，因为我们每个人不可能对任何事情都了解得一清二楚，对于那些不太了解、没把握的事情，往往"随大流"。持某种意见的人数多，是影响从众的最重要的一个因素，很少有人能够在众口一词的情况下，还坚持自己的不同意见。压力是从众的另一个决定因素。在一个团体内，谁做出与众不同的行为，往往招致"背叛"的嫌疑，会被孤立，甚至受到惩罚，因而团体内成员的行为往往高度一致。

（摘自"智库百科"http://wiki.mbalib.com/wiki/）

"尤伦斯清仓",为什么没有重创国内当代艺术市场

☆ 认识误区之16:"尤伦斯清仓可能使当代艺术市场崩盘"
☆ 投资必备要诀:信心是市场前景的关键。
☆ 阅读关键词汇:尤伦斯·抛盘·囚徒困境·牛市

在中国艺术品市场"淘金"20 余年的尤伦斯,是中国当代艺术的最大藏家,其1 700 余件藏品中,当代艺术占80%。他于1987 年来北京后,以很低的价位收购到陈逸飞、曾梵志、张晓刚、方力钧等人的代表作,随着这些大腕们的炙手可热,他的一举一动都成为艺术市场的风向标。耗资上亿的"尤伦斯当代艺术中心"于2007 年在北京798 落成后,迅速崛起为国内最活跃的当代艺术馆,俨然中国当代艺术的大本营。

但2010 年,关于"尤伦斯将抛盘中国当代艺术"的传闻风起。

此前,尤伦斯在内地拍卖市场大批出货,已有两年。2009 年,他的35 件藏品在"北京保利"共拍得4.58 亿元;2010 年春,他的12 件藏品在"北京保利"拍得1.46 亿元。其中,既有古代明吴彬的《十八应真图卷》、宋曾巩的《局事帖》、宋徽宗的《写生珍禽图》、明夏昶的《湘江竹石图》,也有当代陈逸飞的《踱步》、张晓刚的《血缘大家庭系列》等。至2011 年春,他更是试图转让"尤伦斯当代艺术中心",并将把100 余件当代艺术作品委托给香港、北京的拍卖公司出售。

顿时,有关"中国当代艺术遭弃"的议论沸沸扬扬。

作为中国当代艺术和艺术市场的重要推手，尤伦斯的规模性出售备受关注，人们担心此举会打击刚刚好转的中国艺术市场。批评家朱其将该事件看作"欧美艺术投资人对中国当代艺术正在失去信心"的明显信号，他认为：多数知名艺术家卷入"做明星"、"赶场子"和大量生产状态，使尤伦斯等许多西方藏家失望。而艺术市场类似击鼓传花的投机炒作，让当代艺术购藏者已看不到上升趋势。甚而有人断言："老外抛货了，当代不行了，市场就要回落了。"

尤伦斯似乎在将中国当代艺术推向糟糕的"囚徒困境"。

"囚徒困境"是经济学博弈论中的著名案例，由美国数学家阿尔伯特·塔克于1950年提出。是说警方逮捕两名嫌犯，但由于缺乏足够的证据指控其入罪，于是将他们分开囚禁。两名嫌犯被告知：如果都坦白，将分别被判刑8年；如果都不坦白，将因为证据不足分别被判刑1年；如果其中有一个人坦白，坦白者将获释，不坦白者将被判刑10年。显然，如果两名囚徒都不坦白，各自的刑期最短。但是，由于不知道对方的选择，他们会理性地分析：假如对方不坦白，自己坦白将获释；假如对方坦白，自己只有坦白才能得到较短的刑期。结果，两人都选择了坦白，各获刑8年。

"囚徒困境"显示，理性人为了寻求自身利益的最大化，却使本来可以得到的双赢，变成了双输。

现实中的许多行业的竞争，便是陷入了"囚徒困境"。比如在企业的价格博弈中，如果多方合作制定较高的价格，都可以从中获取较高利益。但是，价格联盟总是很难达成，往往是每家企业都以对方为敌手，争相降价以求自保。国内家电企业的价格大战正是如此。很多人因而担忧，尤伦斯放量出售当年低价购进的中国当代艺术作品，很可能引发其他海外藏家的连锁抛售，从而导致当代艺术价格的暴跌。

然而，事实却出乎他们的预料。

"香港苏富比"2011年4月3日推出的"尤伦斯收藏中国当代艺术"夜拍，是春拍的一大亮点。专场的105件拍品全部成交，总成交额4.3亿港元，其中有12件作品的成交价超过千万。张晓刚的《生生息息之爱》还以7 906万港元创中国当代艺术成交价新高，超出了估价3倍。此外，张培力、王广义、耿建翌、丁乙、余友涵、刘炜等也都创新了拍卖纪录，成交价超出估价的10倍有余。

当代艺术市场为什么能避免"囚徒困境"呢？

因为在"囚徒困境"中，囚徒陷入困境的关键，是彼此丧失信任。人们对尤伦斯抛售后果的担心，主要是因为多年来当代艺术市场的质疑声不断，当代艺术收藏的信心尚不坚实，一旦有收藏大鳄告退，自然产生市场下滑的恐惧。然而在此次"香港苏富比"的热拍中，十分国际化的买家群体恰恰表明，中国当代艺术在国际市场根深蒂固，而大多数拍品都落入国人之手又表明，当代艺术的收藏主力已经转向国内。如此强大的市场支撑力度，甚至让一些人将尤伦斯从北京的撤离，看作中国当代艺术进入新一轮牛市的里程碑。

尤伦斯相信中国藏家队伍越来越大，在此次佳绩后，他将寻机出售剩余的1 000余件藏品。接下来的清仓依旧有人愿意接盘吗？信心会决定一切。

相关资料链接：
1. 徐颖《尤伦斯抛106件藏品，中国当代艺术钱途未卜》《新闻晨报》2011 – 03 – 09
2. 范昕《尤伦斯离场，中国当代艺术不跌反涨》《文汇报》2011 – 04 – 07
3. 张向阳《收藏大鳄淘金20年创下传奇，尤伦斯一年套现6亿》《齐鲁晚报》2011 – 03 – 14
4. 林明杰《外资撤离，"中国当代艺术"玩完？——由尤伦斯"抛盘"引发的思考》《新民晚报》2011 – 03 – 01
5. 赵旭虹《尤伦斯退出，难改当代艺术市场走向》《新快报》2011 – 03 – 02
6. 仲敬干《别了，尤伦斯》99艺术网专稿 2011 – 03 – 05
7. 邱家和《尤伦斯专场带动当代艺术新牛市》《上海证券报》2011 – 04 – 08

☆延伸阅读：尤伦斯

古·尤伦斯男爵经营家族生意逾40年，于2000年退出商界，和妻子一起从事慈善文化活动。

尤伦斯受双亲的影响开始收藏，1970年代初，开始从古玩转向现当代西方绘画。1987年，尤伦斯首次北京之行，开始收藏当代中国艺术家的作品。他周一至周五谈生意，周末和那些非常有创造力的中国当代艺术家在一起。让他惊讶的是，即使是很著名的画家仍然屈居在小小的画室中工作，要和别人共用走廊尽头的公共浴室。"但他们从集体主义中解放出来以后的创作非常有活力，我买的第一件中国当代人的作品是艾轩画的西藏小孩，当时他只在25瓦特的灯泡下作画。"尤伦斯说。

尤伦斯第一批买入的是艾轩与王广义的作品，后来也开始从拍卖会中购藏一些精美的古代绘画。1991年，他在香港认识了经营画廊的张颂仁，在一个大车房里看到了很多中国当代艺术家的作品，一时兴起买了几张方力钧与刘炜的作品，此后便不停购藏中国前卫艺术作品。

  2000年的时候，尤伦斯决定退出家族生意的管理，和夫人一起把更多精力用在艺术品收藏上。尤伦斯拥有近2 000件中国文物艺术品中，近80%属于当代艺术，是当今世界上数一数二的中国当代艺术收藏家。他意识到，北京正在成为国际性的艺术中心，想把多年的藏品运回中国。2005年，他在华裔艺术评论家和策展人费大为的帮助下，发现了798艺术区，立刻被那里和谐原始的建筑群吸引。2007年，大型当代艺术博物馆——"尤伦斯艺术中心"落户北京798艺术区。

    （摘自"百度百科"http：//baike.baidu.com/view/1815794.htm）

第三章 透析艺术家创作行为

（近现代）齐白石 《好样》 镜心 水墨纸本

2011年6月4日在北京保利以1 084万元成交

17

官办画院,为什么可能成为"国有企业"

☆ 认识误区之17:"官办画院会长久官办下去"
☆ 投资必备要诀:每一次行业体制的改革,都会创造大量的投资机会。
☆ 阅读关键词汇:画院·市场失灵·纠偏·转企改制

在国内艺术品市场,供职于官办画院的画家很被购藏者青睐。笔者在2007年统计过的27位千万级中国油画家中,画院画家占有三席。

中国现存的官办画院,是计划经济时代的产物。继1957年"北京中国画院"成立后,全国各地都陆续建立起以政府为依托的国画院、画院等机构。其中的"国画院"专门从事中国画的研究和创作,"画院"的创作门类则包括了油画、版画、雕塑等。画院因为依靠政府拨付经费,几近成为福利机构,数量和规模不断膨胀,至1980年代末,全国的大小画院至少有3 000家。但是,伴随着国家政治性创作任务减少,政府拨款不足,多数画院"僧多粥少",有些画院画家便依靠官办画院的金字招牌,频频参与体制外的市场活动,甚至因为作品销路旺盛而沉湎其中。

面对官办画院步履维艰,面对画院画家处境尴尬,画界泰斗吴冠中于2007年率先对画院制度提出严厉批评。

吴冠中认为:中国有过多的画院,他们养了一群"不下蛋的鸡",应该取消。此言一出,反对者和支持者各执己见,论争激烈。反对者大多是各地画院的院长及画院画家。他们认为,中国画院具有存在的充分理由:第一,在中国,画院和"画院养画家"传统古已有之,周总理在新中国成立初主持建设的

画院制度,对保护传承传统文化意义重大。第二,画院和美术学院共同支撑了新中国至今的美术教育,画院教学能够发扬传统师徒授受的优点,比学院教学更个性化、更情境化。第三,画院是专门的研究与创作机构,画院画家创作的专业性更强。

支持"取消画院"者,大多是体制外的画家、策展人、批评家。他们对画院的指责相当尖锐:第一,各级画院花纳税人的钱养无数画家,名曰建设和发展文化,但未必符合纳税人的基本意愿和需求。第二,画院既没有将中国画传统发扬光大,也没有培育出一流的画家,反而成为吃"大锅饭"者保护既得利益的堡垒。第三,画院创作长期承担单一政治宣传任务,大多固守"正统"艺术标准,不参与当代文化交流,缺乏活力。

其实,官办画院被抨击的核心理由,是它的事业单位特性。

所谓事业单位,是指受国家机关领导、由国库支出经费、不实行独立经济核算的部门,比如国有学校、医院、科研机构等。官办画院的弊端,大都源出于这种体制内的"铁饭碗"和"大锅饭"。那么,画院应该何去何从呢?吴冠中的想法是"以奖代养",即画院由画家自己搞,好作品由国家奖励。原"雅昌艺术网"总编吴鸿的设想是,政府重点扶持有学术价值的项目课题,拨款不必人人有份,"富余"下来的画家直接面向市场。他们的画院制度改革方向,与当代企业体系中的"国有企业",有诸多相似之处。

与事业单位相对,所谓企业是指从事生产、流通、服务的独立经济核算单位。

在完全市场经济条件下,企业一般按产权关系分为独资、合伙、公司制三种。我国为了与原有经济体制相适应,将企业分为国有、集体、私营三种。"国有企业"的基本特征是:政府作主要股东或者拥有重大决策权,产品或服务以销售为目标,利润目标在政府规定的社会功能下进行。在经济学中,因为国有企业不符合"生产行为私有"的分析前提,被称为"企业的另类"。值得注意的是,另类的"国有企业"不仅是我国经济所有制的主体,在西方市场经济发达国家同样存在。

另类的"国有企业"具有一项很特殊的功能。

在市场经济中,由于存在自然垄断、信息不对称等原因,经常会出现"市场失灵"。为保持市场正常运行,政府必须对市场失灵实施干预,建立"国有企业"便是一种行之有效的方式。虽然中国的国有企业,本是计划经济体制运行的基础,但随着中国向市场经济转型,国有企业正逐渐转向市场失灵领域,去发挥

"纠偏"功能。

那么，官办画院可以转制为国有企业吗？

在经济体制转型中，庞大的官办画院体系日益显出难以克服的惰性，将其从事业体制中剥离确实是大势所趋。然而，如果让画院画家全面走向市场，难免会被市场左右，甚至唯利是图。更重要的是，如果完全取消官办画院，势必造成国家文化导向与美术创作之间的断裂。所以最恰当的方案是，让它既能够独立经营，又保持与官方的联系，拥有类似于"国有企业"的独特优势。2009年11月，文化部同步推进多种类型的事业单位转企改制：由中国东方歌舞团转企组建"中国东方演艺集团有限公司"，由中国文化报社转企组建"中国文化传媒集团有限公司"，由文化部文化市场发展中心和中国演出管理中心转企组建"中国动漫集团有限公司"。

假如官办画院同样转企改制，很可能左右逢源，这对于艺术品投资者，自然又多了一个"借机生财"的新生态。

相关资料链接：

1 李薇，者婧《画院，游走在商业和专业之间》《北京现代商报》2006-02-17
2 吴鸿《"边缘"状态下的中国"画院"现象》2007-08-20
3 张颖川《画院和画家的生存》《艺术生活》2005-04
4 佚名《"不要再养画家了"！？》《品逸》2007-10-29

☆延伸阅读：中国画院体制

1956年2月，陈半丁、叶恭绰在中国人民政治协商会议第二届全国委员会第二次全体会议上提出了《继承传统，大胆创新，成立中国画院》的提案。1956年5月30日，由文化部呈报国务院常务会议的第107号文件——《文化部关于筹建中国画院和中国戏曲学院的报告》，使新中国画院的筹建真正进入立项审批程序。报告明确提出了"在北京与上海各成立一所中国画院"，"中国画院的任务是组织和提高国画创作，培养国画人才"，"创作部分的工作包括组织国画家进行创作，体验生活，研究、讨论国画创作中的问题，搜集现代国画家优秀作品"，"教学部分的工作主要是办国画讲习班，总结过去国画教学的经验，研究和实验适合目前需要的教学方法和教材，培养下一代的国画人才。在教学工作上暂时以带徒弟的方法为主，并逐步建立系统的国画教学方法和制度"。这是一份新中国建立中国画院体制的纲领性文件。

1957年5月14日，北京中国画院在文化部礼堂正式成立，周恩来总理亲临大会并讲话。这标志着新中国建立画院体制的开始。

在2007年10月26日文化部艺术司主办的"全国画院发展研讨会"上,上海书画出版社社长、总编辑卢辅圣介绍,当时国务院对中国画院主要提出三项任务:创作、研究和培养新人。当时的学校教育是无法培养中国画人才的,因为学校教育基本上是西化教育。所以画院采用了一种师徒授受的传统方式。因此说,画院从它诞生那天就肩负着一个重要的使命:对中国画的提升和发展。"此外,当时画院成立还出于保护艺术老前辈的目的,当时许多中国画家生活困难,所以政府想到了用画院这种体制来聚集这批人。"卢辅圣说:"当然在那个年代画院还负有政治宣传的任务,用美术的形式配合党和政府工作的要求。"

(摘自朱奕《中国画院体制:坚守与突围》人民政协网 www.rmzxb.com.cn2007-11-09)

18

"沉没成本",为什么是职业画家的门槛和壁垒

☆ 认识误区之18:"职业画家生活很安逸"
☆ 投资必备要诀:在职业画家群落里,重压下的心血之作最容易淘金。
☆ 阅读关键词汇:职业画家·体制·沉没成本·职业壁垒

北京的多处画家村和画家村里的画家,是艺术界的另类,也是艺术品投资者的一个关注点。

2007年底,一位北京宋庄农民向法院起诉,请求确认他5年前与画家李玉兰签订的"农房买卖合同"无效,该请求获得北京市第二中级人民法院的终审支持,判决李玉兰腾退房屋。不久,李玉兰提出反诉,要求房屋所有人赔付她的经济损失,通州法院判决那位农民赔付补偿金18万余元。当时,住在宋庄的艺术家有近2000人,其中像李玉兰那样买下农民房屋的有300多人。该案件在引发"小产权房"热议的同时,也让画家村中"职业画家"的生存状态,再度引起注意。

关于"职业画家"的生存状态,要从职业说起。

所谓"职业",指个人在社会中所从事的、作为主要生活来源的工作;"职业化"则指将社会中的某项工作,固定地作为个人谋生的主要手段。画家的职业化,在中国古已有之。汉代曾设立过皇家机构"黄门署",用以专门供养宫廷画家;而民间画工的出现,可以上溯到战国时期。其实,在中国画家的三种职业状态中,除了业余作画的"文人画家"之外,宫廷画师和民间画工都应该归属"职业画家"之列。可以说,职业画家是中国绘画史的主体,也是画家的常态。

不过,当代中国的"职业画家"却是一个很不寻常的群落。

在新中国成立之后,由于艺术市场日益衰落,使本来已经职业化程度很高的画家,无法维持生计。国家只得让他们进入美术院校、画院,或者进入文化馆、出版社、美术馆、美协等机构,靠领取单位的工资为生。个体的、独立的画家,几乎就此绝迹。有趣的是,那些以绘画为职业的画家,却一直没有被称为"职业画家"。

现在被称为"职业画家"的,是后来一些失去了正式职业的画家。

在1978年以后,随着中国社会向市场经济转型,愈来愈多的画家被抛出公职、或者主动放弃获取公职的机会,成为失去单位依托的人。他们完全以个体身份谋生,成为当时很另类的"职业画家"。1990年代初期的圆明园画家村,是典型的"职业画家"聚居地,现在的市场大腕岳敏君,是其中最典型的一例。1990年,岳敏君不顾父母反对,从华北石油教育学院辞去教师职位,告别了还是大多数人赖以生存的体制。他从此摆脱组织的控制,获得了"想画什么就画什么、想什么时候画就什么时候画"的独立生存方式。

就市场而言,独立生存的岳敏君无疑是成功的。

经过若干年的游走和沉浮,岳敏君拥有了显赫的"江湖"地位,完全不是他当年漂泊圆明园时敢于想象。截至2011年10月初,岳敏君作品拍卖总成交额达6亿766万元,其中成交价超过1 000万元的14件,最贵的一件1993年作《轰轰》,于2008年5月在"香港佳士得"以4 814万元成交。岳敏君归结他的成功经验是:"别人都还在体制内。"

问题是,为什么别的画家当时不放弃体制,甚至至今仍然甘于忍受体制的束缚呢?

原因很简单:多数画家不愿意承担"沉没成本"的风险。在经济学中,"沉没成本"又称沉入成本、旁置成本,是指已经发生、无法回收的成本支出。画家如果放弃了体制,虽然能够得到生存和工作空间的自由,但同时必须付出巨大的代价:失去固定的经济来源,放弃公职提供的所有利益。20年前的"职业画家"们可谓穷困潦倒,他们聚居圆明园的首要原因,其实是为了得到在大学食堂里吃饭的便宜。即便在艺术市场发达的今天,他们以卖画为生仍然艰难。事实上,目前散居在各处的职业艺术家,只有少数可以通过作品生存,像岳敏君那样的成功者百不足一。在大多数"职业画家"的眼里,当代艺术市场的火暴"是别人家的事"。显然,"沉没成本"阻止了许多画家走向市场而完全"职业化"。

但"沉没成本"也如硬币,有它的另一面。

经济学认为，如果某个产业的"沉没成本"很大，就会形成很高的进入门槛。例如能源、通讯、交通、房地产等行业，虽然超额回报巨大，但初始投入和退出成本同样高得惊人。高门槛形成的壁垒，往往使许多准备进入者望而却步，在堪称"看谁输得起"的比拼中，只有那些"输得起者"才能胜出。令人望而生畏的"沉没成本"，既给"职业画家"群体罩上了瑰丽的光环，也让"职业画家"多了不少悲壮色彩。

既然沉没成本无论如何已经不能收回，所以经济学家认为，理性的经济人在做接下来的决策时，应该根据未来的投入与产出，而不会去考虑沉没成本。公元前207年，楚王项羽引兵渡漳河救巨鹿，下令兵士"沉船、破釜甑、烧庐舍，持三日粮"；3年后，汉将韩信率兵攻赵，令万人背水列阵，说："陷之死地而后生，置之亡地而后存。"当今中国职业画家的胆量与气魄，与古人的"破釜沉舟"和"背水一战"颇为相似。

那些付出了重大沉没成本的"职业画家"们，已经取得丰厚战果，在他们身上，许多投资者同样战果丰厚。

表18－1　岳敏君作品拍卖价格前10位（数据来源：雅昌艺术网2011－10－12）

序号	名　称	估　价	成交价（元人民币）	拍卖公司	拍卖日期
1	1993年作《轰轰》	咨询价	48 137 875	香港佳士得	2008－05－24
2	1994年作《希阿岛的屠杀》	800万～1200万港元	31 687 500	香港苏富比	2007－10－07
3	1999年作《活着（十五件）》	700万～900万港元	21 607 500	香港佳士得	2007－11－25
4	1990年作《大耳朵》	550万～700万港元	20 487 500	香港佳士得	2007－11－25
5	1991年作《画家和他的朋友们》	350万～550万港元	20 480 000	香港佳士得	2007－05－27
6	2002年作《攻占游泳池》	1 200万～2 000万港元	18 438 750	香港苏富比	2008－04－09
7	2003年作《大天鹅》	1 000万～1 500万港元	17 237 075	香港佳士得	2008－05－24
8	《公主》	10万～250万美元	15 190 450	纽约苏富比	2007－09－20
9	《Foolsinthe Night》	75万～95万英镑	12 995 970	伦敦苏富比	2008－02－27
10	1993年作《大红船》	400万～600万港元	12 647 500	香港佳士得	2007－11－25

相关资料链接：

1　罗洁琪《北京宋庄画家村首例小产权房纠纷宣判》《财经》2008－10－22

2　车鹏飞《江山代有人才出》雅昌艺术网专稿2007－10－01

3　潘耀昌《学院与画院，新中国美术双楫》《南京艺术学院学报（美术与设计版）》2005－01

4　苌苌《百万人民币艺术家》《光明观察》2006－07－20

5　金燕《当代艺术评论家栗宪庭谈画家村流变采访》《艺评》2005-18

☆ 延伸阅读：沉没成本

"沉没成本"是指由过去的决策导致的、不能由现在或将来的任何决策所改变的成本。经济学家认为，理性的经济人在做接下来的决策时，应该根据未来的投入与产出，而不会去考虑沉没成本。

有一位老人，来城里看望儿子，儿子给买的一双鞋子令他爱不释手。在回乡的火车上，他不停地把玩这双心爱的新鞋，自豪地告诉邻座，这是他儿子孝顺他的礼物。忽然间，老人一不小心，一只鞋子滑落到窗外。出乎大家意料的是，老人随即将另一只鞋拿起来用力扔出窗外。乘客大感不解，问他为什么要把另一只鞋也丢掉，老人说：这只鞋子对我来说已经没有用。这个老人深刻领会了沉没成本的意义。虽然他非常喜欢那双鞋子，但是当他把其中一只丢失时，这双鞋子对他就没有任何意义了，将另一只丢出窗外，可以减轻自己对所犯错误的后悔情绪。

人们在做决策时经常会考虑沉没成本，导致不理性行为。比如说某人买了一张电影票，等去看电影时，忽然发现这部影片根本就不是自己喜欢的，如果是免费的根本就不会去看。但是由于他不甘心浪费了电影票，所以还是强迫自己看完。这样他不但损失了电影票的钱，而且还浪费了时间，这就是沉没成本谬误。

（摘自"新浪读书"http://vip.book.sina.com.cn/book/chapter_122146_80038.html）

19

"学院画家",为什么在市场获利最大

☆ 认识误区之19:"中国的画家只有体制内外之别"
☆ 投资必备要诀:在艺术市场获利最大的学院画家,带给投资者的机会也最多。
☆ 阅读关键词汇:学院·沉没成本·机会成本·利润

艺术市场给画家带来了丰厚的经济利益,在中国的各类画家中,谁的利润最大呢?

中国的画家群体极为庞大,可以从活动地域、年龄、师承关系、创作题材等角度分出很多类型,其中最有实质意义的,要算体制归属的划分。所谓"体制",本是指国家机关、企事业单位在机构设置、隶属关系、管理权限等方面的体系制度,但对于中国的画家个体,"体制"却具有非常特殊的意义。

体制的内外,是区分画家生存形态和创作形态的显著界限。

体制内画家主要生存在画院等创作机构中。以1957年"北京中国画院"的成立为标志,新中国建立起官办画院制度,此后,各地陆续成立以政府为依托的国画院和画院。官办画院体现着国家的文化意志,运营经费由财政拨付,画家要按上级布置的政治任务完成主题创作,他们的生活费和创作费均来自"单位"。再连同与画院功能相似的各地群众文化馆,这些专以绘画为职业的画家,是典型的"体制内画家",他们构成了中国1980年代之前画家的主体。

与之相对应的,是"体制外画家"。在1978年以后,中国社会从计划经济向市场经济转型,愈来愈多的画家脱离事业单位,成为体制外的人。特别在1980年代中后期,一些美术院校的学生流落到北京,在圆明园附近聚居成画家村。其

后，在北京上苑、宋庄，上海苏州河、浦东，深圳大芬村等著名"画家村"里，聚集了大量自由画家。自由画家因为脱离了国家艺术体制的束缚，赢得了创作自主权。有趣的是，这些失去了正式职业的"体制外画家"，反而被称为"职业画家"。

除了上述二者，在"体制"内外之间还有很特别的一类画家，他们任职于各类美术学院。

中国的画家到美术院校任教，始于民国初年。当时，各地兴办艺术学校或艺术专业，许多"海归"的西画家和国内著名的国画家被学院聘为教师。学院画家们的收入以学校的薪金为主，以卖画为辅。新中国成立后至今，全国的各类美术院校或美术专业日益发达，其中的美术教师既是中国美术教育的主导力量，也是中国绘画创作的生力军。他们既享受体制内的薪俸，创作又基本不受体制的限制，可以称作"体制间画家"。

在当前的艺术市场中，上述三个类型画家三分天下。但从经济学的角度看，获利最大的当属"体制间画家"。

经济学将获利的大小称为利润，利润是总收入和总成本之间的差额，其中的总收入比较容易计算，而总成本的计算要复杂一些。总成本中的重要一项是"沉没成本"，不论是否生产、不论产量多少，"沉没成本"都必须付出，而且一经付出就不可回收。比如工厂即便不开工，也必须付出厂房维修、保安等费用。

显然，在"沉没成本"相同的情况下，产品的销售额越多，利润就越大。

我们据此来比较"体制间"的学院画家和"体制外"的自由画家。对于二者，作为创作准备的知识积累、技法研习、构思制作等，是同样需要付出的"沉没成本"。然而，学院画家的收益既有任教的薪金收入，也可以有出售作品的市场收入。自由画家因为缺乏固定的生活来源和创作基金，只得专以卖画为生路。在全国各地的体制外职业画家中，除了少数大腕，更多的仍在为温饱忧虑。相比之下，学院画家的收益更为灵活和稳定。

在总成本中，除了直接支付的成本外，还包括"机会成本"。

所谓"机会成本"，是指某种资源因为用于某种用途，就必须放弃其他用途可能带来的收益。比如，农民选择在家务农的"机会成本"是外出打工可能带来的收入。显然，一个人付出的机会成本越小，他的收益就越大。据此，我们再来比较"体制内"的画院画家和"体制间"的学院画家。前者因为受到上级创作任务的束缚，创作方向的选择相对狭窄，大多以"主旋律"为主。而后者，因为创作活动相对自由，他们既可以倾向于体制内的"主旋律"，也可以倾向于体制外的个性化探索。这样，在收益相当的情况下，后者因为付出的机会成本较小，利润要大于后者。

事实上，学院画家不仅因为上述的优越性而利润最大，而且由于处于体制间的独特位置，最被市场关注。

目前，任职于中央美院、中国美院、四川美院等的画家群体在油画市场最火，在"雅昌艺术网"有拍卖数据记录的 900 余位油画家中，在学院任教的占半数之多。正因为学院是画家最丰美的栖居地，不少体制内和体制外的画家，都愿意在机会成熟时置身其中，比如一些画院画家到学院兼职，也有一些自由画家到学院去客串。

相关资料链接：
1 吴鸿《"边缘"状态下的中国"画院"现象》北京文艺网《吴鸿专栏》2009-06-23
2 严长元《画院：寻找新时期的定位——全国画院发展研讨会综述》《中国文化报》2007-11-05
3 张颖川《画院和画家的生存》《美术报》2001-03-31
4 徐玲英《在边缘上行走，在背弃中回归——另一只眼看中国"画家村"》文化研究网 2004-09-28
5 王威斯《天价作品下的艺术生存现状》《精品购物指南》2007-08-27
6 石量《中国东村的先锋样式，2005 年宋庄画家村繁荣年》《国际先驱导报》2006-07-16

☆延伸阅读：八大美院

中央美术学院：中央美院学生素质一流，师资力量雄厚，各个专业都有杰出人物。学院地处中国心脏，得近水楼台之利，个人能量可以充分燃烧。只要不打仗、不迁都，中央美院的领先地位不可动摇。

中国美术学院：中国美院就其历史而言，应该是老大哥。它藏书丰富，图书馆效应在八大美院最突出，师生的眼界开阔。目前决定中国美术走势的人物，几乎有四分之一来自这所学院。

鲁迅美术学院：鲁美的校舍与设备是国际一流水平，超过目前所有的同类学校。鲁美在八大美院中离俄罗斯最近，是西式写实油画在中国发展变异的温床，创作力量在八大美院名列前茅。

四川美术学院：川美地处西部，天高皇帝远，条条框框少，特别适合艺术家的成长。巴蜀艺术，自古以来就不同凡响。川美的师生思想活跃，作品常常出人意表。

广州美术学院：美术同市场挂钩，广美绝对第一。广州著名的白马广告公司，总资产可以收购广美。它的创始人肄业于该校，首席设计师是本科一年级离校的一位女生。

天津美术学院：天津是便于专心做事的城市，同时又可以廉价地利用北京的资源。天津的美术传媒之多，仅次于北京。美术界天津籍的笔杆子，很多都是国嘴。

西安美术学院：西安是中国文化的发祥地和美术的摇篮，也是中国西部这个艺术天国的门槛。西安被定为西部开发的龙头，美术则是文化开发的特殊枢纽。

湖北美术学院：湖北是中国帛画与漆画的发祥地。湖北佬自称唯楚有才，不全是吹嘘。湖美位于八大美院的地理中心，艺术上吸收与开放的天然潜能首屈一指。

(摘自彭德《我看八大美院排名》《美术报》2001)

20

面对市场暴利，为什么当代艺术家心态平和

☆ 认识误区之20："艺术大腕们获取了市场暴利"
☆ 投资必备要诀：从当代艺术家失去的市场暴利中，大可分得一杯羹。
☆ 阅读关键词汇：张晓刚·生产者剩余·显性成本·隐形成本

中国当代艺术市场经过近20年的蛰伏之后，于2006年全面爆发。位居"当代艺术四大天王"之首的张晓刚，最能体现市场的火热程度。

2006年，张晓刚作品成交量多达54件，总成交额高达1亿6995万元。其中，单价超过500万元的13件、超过千万的2件。他的《父与子》和《天安门》在"香港佳士得"分别拍至1527万、1804万港元。2007年，张晓刚作品成交量增至74件，总成交额1亿9338万元。其中，单价超过500万元的20件，超过千万的8件。他的《黄色肖像》在"香港佳士得"拍至2273万港元；他的《创世篇·一个共和国的诞生》在"纽约苏富比"拍至307万美元（合人民币2394万元）。据"胡润艺术榜"公布的"中国在世艺术家2008年拍卖总成交额"排名，张晓刚以3.01亿元成为2008年"中国最贵画家"。

很多人将张晓刚与3个亿的成交额画上等号，觉得他"发大"了。而他却称自己"不是最贵、而是最冤艺术家"。

张晓刚喊冤的理由很简单，3个亿并没有落进他的口袋。至2008年，他亲自送画给拍卖行只有一次，是在2008年北京保利春拍的"中国当代艺术家为地震灾区捐献作品义拍"专场，他将《父亲与女儿》拍出的1254万元，全部捐作了善款。至于其他的天价，都跟他无关。张晓刚说：市场卖得最好的《大家庭》

系列，10年前从他手里拿走时，大部分只有几千美元，最贵不超过2万美元。比如，2006年在"纽约苏富比"拍出97万美元的《血缘·同志第120号》，他1998年卖给画廊时仅仅2 000美元，在2004年被画廊卖出时也仅有4万美元。

显然，在市场上大把赚钱的是画廊和藏家。

看着别人拿自己的画大把赚钱，艺术家们会不会愤愤不平呢？

不一定，这要看他们获得了多少"生产者剩余"。在经济学中，"生产者剩余"是指生产者的销售收入与生产成本之间的差额。这里的销售收入比较容易理解，是生产者在出售产品时得到的货款。而衡量生产成本则要复杂得多，它既要包括生产者为获得各种生产要素而产生的"显性成本"，还要包括他们因为放弃其他收益而产生的"隐性成本"。最能直观反映"生产成本"的，是"边际卖者成本"，它是指生产者愿意承受的价格下限，如果售价低于此价格，生产者就会离开市场。

当年张晓刚从画廊拿到的报酬，虽然只是如今拍卖成交价的零头，但已经超出了他的"边际卖者成本"。

中国当代画家在他们出道的初期，"边际卖者成本"极低。1989年，张晓刚卖第一张画得到100美元，但因为可以解决一些生活问题，他已经"实实在在地高兴"。也是1989年，在著名的"中国现代艺术展"上，另一位当代艺术"天王"王广义的《毛泽东1号》被一位快餐车老板买走，他拿着"油渍麻花"的1万块钱，已经激动得手直哆嗦。即便近年当代艺术市场高企，当代画家们对金钱的要求也并不很高。张晓刚从2004年起就不再画受市场追捧的《大家庭》，他只用三分之一的创作时间满足市场，留下另外三分之二时间寻求新的艺术突破。王广义甚至觉得经济危机是件好事，他想知道"艺术没人买了，有谁还坚持"。

因为当代艺术市场火暴得令人始料不及，画家从中获得的"生产者剩余"，已经远远超乎他们的想象。

张晓刚2005年把工作室搬到北京酒厂艺术区，韩国"阿拉里奥画廊"艺术总监跟他聊天，说争取在两三年之后，把中国一线艺术家作品推到10万至15万美元。当时张晓刚很惊讶："可能吗，那么贵？"可是不到一年，这一数字就被远远超过。在西方，艺术家一幅作品熬到上千万元，至少要等几十年。但在中国，几年就能顺利实现。拍价飙升之后，画廊的代理价格也在快速上涨，张晓刚从来没有想过自己的画可以卖那么多钱。最早，他在北京花家地的工作室只有80平方米，创作一张两三米的画，完工后必须赶紧收起来，因为转不开身。他在"租得起了"之后，搬到酒厂艺术区，拥有了200平方米的独门独院。再后来，他搬到了清静的何各庄村，宽敞的工作室足有600平方米。

不高的"边际卖者成本"与超额的销售收入之间，是巨大的"生产者剩余"，这让当代艺术"天王"们活得心满意足。当然，那些仍在画家村中眼巴巴地等候画商光临的艺术家们，则另当别论了。在二者之间，艺术品投资者可做的事情实在太多。

表20–1 张晓刚作品拍卖价格前10位（数据来源：雅昌艺术网2011–10–12）

序号	名　称	估　价	成交价（元人民币）	拍卖公司	拍卖日期
1	1988年作《生生息息之爱（三联作）》	2 500万~3 000万港元	66 568 520	香港苏富比	2011–04–03
2	《BLOODLINE：BIGFAMILYNO.1》	5 800万~6 500万港元	53 808 400	香港苏富比	2011–10–03
3	1995年作《血缘—大家庭》	3 500万~4 000万港元	47 707 720	香港苏富比	2011–04–04
4	1992年作《创世篇：一个共和国的诞生二号》	2 100万~2 300万港元	45 553 140	香港苏富比	2010–10–04
5	1995年作《血缘：大家庭三号》	1 950万~2 700万港元	42 630 750	香港苏富比	2008–04–09
6	《Big Familyno.1》	150万~200万英镑	24 113 090	伦敦苏富比	2008–02–27
7	2001年作《血缘：大家庭—父与子》	1 400万~2 000万港元	23 988 420	香港佳士得	2011–05–28
8	《创世篇——一个共和国的诞生》	150万~250万美元	23 937 650	纽约苏富比	2007–09–20
9	1995年作《血缘：大家庭之二》	咨询价	23 249 600	香港佳士得	2008–11–30
10	1993年作《黄色肖像》	800万~1 000万港元	22 727 500	香港佳士得	2007–11–25

相关资料链接：

1 何金芳《天价是如何炼成的：当代艺术天王张晓刚》《画廊》2009–01

2 曲慧《张晓刚：我不是最"贵"，我是最"冤"》《青年周末》2009–03–19

3 万静《1989八五燎原：第一次中国当代艺术运动》《南方周末》2007–11–21

4 佚名《张晓刚：市场是个陷阱》《信报》2008–04–10

5 杨瑞春《另一个王广义，未必就是真的王广义》《南方周末》2008–11–05

☆ 延伸阅读：张晓刚谈市场

《青年周末》：市场的诱惑有没有让你多画点？

张晓刚：我一直画画很慢，通常是2007年的时候我还在画2005年的订单，我接一个订单一般要两年才能画出来，心理压力很大，经济上说也很划不来，当时的订单价格说好是那样的，两年以后你身价涨了，可是你还得照约定画，哈哈。

《青年周末》：接订单是怎么回事儿？

张晓刚：1997年到1998年就开始，有些人通过朋友关系找到我，希望直接买到我的一幅画，私人、机构都有，那时候很便宜，画廊卖一张两米的画也只几万美金，直接来找我订的人肯定是图便宜，一般我都会给他们打折，如果这个人很热情，又请你吃饭，你就更不好意思开价了。

《青年周末》：一直以来你对你的买家有什么标准？我知道一些艺术家很在意谁收藏他的画，有的人即使出双倍价钱，人不对也不行。

张晓刚：拍卖起来之前我没有太多标准，有人推荐，说这个人不错，我会找他聊一聊，发现他确实懂你的画，就答应了。后来才发现，有很多投机的人在里面。比如一个法国人来我工作室，几乎要跪下来了，说了很多很煽情的话，如何梦寐以求想收藏我的画，我很感动，给了很好的折扣，而且我是认认真真给他画的。谁知道他是个炒家，几年之后发现他在拿着画炒高价，才明白过来，原来还有这样的人。市场来临之前，艺术家都不懂这里的事情。但我也不怪他们，他不是所有东西都投资，他还是有挑选的，他喜欢你的东西看好你的东西才投资，赚了也说明他眼光不错，我觉得有些钱是该别人赚的，就让他赚吧。

《青年周末》：那现在呢？

张晓刚：那之后我尽量保护自己，不给投机的人机会，但发现这事儿太难，尤其是老外，都长得差不多，语言又不通，你怎么知道他到底买你画是要干什么？所以我干脆让画廊来做，我就专心画我的画好了。只有美术馆来约画，我肯定是义不容辞，现在问题是，美术馆都买不起我的画了，价格已经太高了。

（摘自唐真龙《当代艺术家张晓刚：绝地逢生》《上海证券报》2011-06-17）

21

艺术家创新的真实理由，为什么在艺术之外

☆ 认识误区之21："艺术家创新，是单纯的艺术追求"
☆ 投资必备要诀：艺术创作也是一种经济现象，观察画家多从经济学角度着眼。
☆ 阅读关键词汇：齐白石·衰年变法·产品差异·垄断竞争

很多人都认为（尤其是美术界内），艺术家创新单纯是艺术上的追求。事实如何呢？以大艺术家为例很能说明问题。

齐白石在画坛内外，都位置极重。1927年，他时年65岁，应当时最权威的国立美术学校"北京艺专"校长林风眠之聘，到该校教授中国画。1946年，徐悲鸿再度执掌"北京艺专"，他再次被聘为教授，并出任新成立的"北平美术家协会"名誉会长。1953年，他被文化部授予"人民艺术家"奖状，并当选为"全国美术家协会"第一任理事会主席。在公众中，他是新中国成立以来最被熟知的画家，其作品曾被大量印刷在热水瓶外壁和洗脸盆底，他画的虾几乎家喻户晓。在当今的艺术品拍卖市场上，他尤其显赫：截至2011年10月初，其作品已成交12 784件，总成交额104亿1 884万元，在各类画家中遥遥领先。

不少人知道，齐白石之所以能够从一介卑微老农升迁为中国画大家，最重要的转折点是他60岁时的"衰年变法"。

齐白石于1917年到北京躲避匪患，得到北京画坛领袖陈师曾的赏识，并接受陈师曾的劝告"自出新意、变通画法"。2年后，他再返北京，自创"红花墨叶派"。又过了3年，陈师曾携带他的画作到东京参加"中日联合绘画展"，使他名声大振、画价爆增，"2尺长的纸，卖到250银币"。其后，齐白石在海内外声名鹊起，外国人涌

至他家里买画，琉璃厂老板也对他格外热情起来。以至于他赋诗说："一身画债终难了，晨起挥毫夜睡迟。晚岁破除年少懒，谁教姓字世都知。"

齐白石变法的原因是什么呢？

人们一直很注意他当时说的一句话："余平生工致画未足畅机，不愿再为"，以为变法是他锐意求新的个性使然。但实际上，他变法有一个经济上的原因，是艺术市场的"垄断竞争"所致。在经济学中，"垄断竞争"是指一种既有垄断因素、又有竞争因素的市场结构。"垄断竞争"的特点有三个：第一，市场上的厂商众多，每个厂商在一定程度上接受市场价格，又在一定程度上影响市场价格。第二，每个厂商的规模都较小，它们比较容易进出市场。第三，不同厂商的产品相似，又互有差别。

三个特点之中，产品差异是造成"垄断竞争"的根源。产品之间的差异，既包括质量、功用、销售上的差别，也包括包装、商标、广告等引起的印象差别，等等。由于每个厂商所提供的产品既相似、又可以互相替代，所以会形成彼此的竞争；同时，由于不同厂商的产品之间存在差别，他们对自己产品的价格又有一定的垄断能力。每个厂商垄断能力的大小，主要取决于其产品具有的差异化程度，差异化越大垄断力越大。

民国期间的艺术市场相对自由，大量的职业画家为购藏者提供着各具特色的画作，是典型的垄断竞争市场。

齐白石在50多岁赴北京时，"识者寡"，每幅画仅2块银元。画价低迷的最主要原因，是"画法太似、太拘谨"。陈师曾1917年在齐白石的《借山图》上题诗劝告他："画吾自画自合古，何必低首求同群"。当他洞彻了"大笔墨之画难得形似，纤细笔墨之画难得传神"，悟出了"作画妙在似与不似之间，太似为媚俗，不似为欺世"之后，终于开创与众不同全新画风。

具体而言，产品差异包括"水平差异"和"垂直差异"两类。

产品"水平差异"是横向的，"垂直差异"是纵向的。齐白石60岁衰年变法，使其作品与同时代的诸多画家区别，属于水平差异。而他后来不断超越自己，90岁后仍变法不止，则是追求产品的垂直差异了。对于垂直差异，他对弟子娄师白说的一句话最为生动："书画之事不要满足一时成就，要一变百变，才能独具一格。"

当然，打造产品的差异性存在很大风险。

齐白石决定变法时就不无悲壮地说："即饿死京华，公等勿怜。"产品的差异，不仅表现在自身质量的客观差异，还取决于消费者的主观评价。产品差异只有得到消费者的差异偏好认同，才可能在价格与同类产品相同、甚至略高时，被优先接受。齐白石生逢其时，因为是由民间走出的文人画家，他抛却了传统文人画的隐逸出世观念，把劳动农民的气质自然融入画作，从而走出与大众亲近的新路。

齐白石曾说："青藤（明代画家徐渭）、雪个（清初画家朱耷）、大涤子（清初画家石涛）之画，能横涂纵抹，余心极服之。"他最欣赏的这些画家，都属于反对成规、能别开生面的一路。不仅如此，其实凡是在美术史上开宗立派的画家，无不标新立异，而他们勇于创新的真实理由，也几乎都是类似的垄断竞争的结果。只不过是在不同时代，他们所面临的市场、面临的消费者不同而已。

表 21-1　齐白石作品拍卖价格前 10 位

（金额单位：万元人民币；数据来源：雅昌艺术网 2011-10-12）

序号	名　称	估　价	成交价	拍卖公司	拍卖日期
1	《松柏高立图·篆书四言联》	咨询价	42 550	中国嘉德	2011-05-22
2	1942 年作《可惜无声·花鸟工虫册（十三开）》	咨询价	9 520	北京保利	2009-11-22
3	《花鸟》	咨询价	9 200	中国嘉德	2011-05-22
4	1955 年作《花卉草虫镜心（十二开）》	咨询价	7 280	上海恒利	2010-11-03
5	《山水册（八开）》	5 000~6 000	7 130	北京翰海	2011-05-19
6	1924 年作《草虫册页册页（十六开）》	1 600~2 200	6 210	北京保利	2011-06-03
7	《花卉四屏》	800~1 200	5 712	北京翰海	2010-06-05
8	《花卉草虫册页（十二开）》	咨询价	5 376	北京传是	2010-11-25
9	1950 年作《松梅喜鹊立轴》	1 800~2 200	4 945	北京匡时	2011-06-07
10	《花果四屏》	280~380	4 760	中国嘉德	2010-11-23

相关资料链接：

1　佚名《"衰年变法"——齐白石是怎样成名的？》新华网 2003-09-10
2　刘曦林《中国画与现代中国》广西美术出版社 1997 年版
3　大风《衰年变法——齐白石是如何成为第一流大画家的》http://www.chinese-china.net/artfile/projectcontent.asp

☆延伸阅读：齐白石"衰年变法"

齐白石一生变法不断，最为著名的是他 60 岁到 70 岁的阶段，所谓"衰年变法"。经过"衰年变法"，确定了他与众不同的艺术面貌，并造成极大的影响。

齐白石的"衰年变法"从北京进行，那时已经60岁。他下定决心，认为自己已经画了几十年了，还没有达到自己满意的效果，因此决定大变。他在1926年，也是变法进行到第七年时，他讲："作画开始接触古人的真迹很多，但是独自成家就要摆脱掉前人的习气，不要按照前人已经形成的习惯的画法来画，在前人之外创造自己的风格，那是前人所没有的。这样做即使把牙都掉光了，还没有人知道，那么自己也问心无愧了。"

　　在定居北京之前，齐白石山水花鸟人物都画，他的变法从花鸟画开始。他不是一般地学习古代花鸟画，他选择了几个人，徐渭、石涛、八大山人。他认为这三人能够横涂竖抹，不受各种法度的束缚，淋漓尽致地表现自己的内心。齐白石变法里有一个很重要的特点是学习文人画。齐白石原来是木匠，后来变成民间画工，画神像、画肖像。他34岁拜湖南画家王湘绮为师，走过了"画匠"阶段，逐渐由乡间画师转向文人画家。

　　齐白石变法是要更多汲取文人画里保存的生命力和形式长处，其中重要一点就是超越形似。不是不要画得像，而是不要只停于画得像而已。齐白石讲画画要先脱画家习气，就自有独到处。他讲的是职业画家，往往不断画老师的画稿，有因袭保守的一面，好的文人画家是讲创造性的。齐白石讲的是要表现对象内在的精神，要抒发自己的感情，这就是他讲的神似。他晚年题了"妙在似与不似之间"，就要求"作画要形神兼备"。

　　（摘自《薛永年中国美术馆讲座"谈齐白石变法"概要》中国美术馆网 2004-9-18）

22

另类装扮，为什么受一些画家喜爱

☆ 认识误区之22："画家装扮越另类，作品越不落俗套"
☆ 投资必备要诀：判断画家的创作品质，不能以貌取人，有时表里恰恰相反。
☆ 阅读关键词汇：垄断竞争·方力钧·光头·产品差异

在暴热的艺术品市场中，一些出了名的画家自然风光无限，比如光脑壳的方力钧、岳敏君等超级大腕。然而，在大多数时候，大多数画家却处于被选择的弱势地位，他们为了更能获得买主的青睐，需要以自己的作品去"出类拔萃"。

这便是经济学中的"垄断竞争"。

实现垄断竞争的必要条件之一，是产品的差异。"产品差异"包含很多方面，比如品质功效的差异、规格档次的差异、外观款式的差异。在画家那里，"产品差异"便是画作的与众不同。因为画作与众不同，许多画家才脱颖而出，中外美术史上所有大画家的成名发迹，几乎不外此途。

号称"当代艺术F4"之一的方力钧，正是靠他很另类的"光头"，杀入江湖。

1993年11月，方力钧的《打哈欠的人》被美国《时代》用作封面。该杂志是美国影响最大的新闻周刊，此举的轰动效应可想而知，画中那位紧闭双眼、张大嘴巴的光头，被评论家所罗门称作"不只是一个哈欠，而是解救中国的吼叫"。这种被栗宪庭命名为"玩世现实主义"的"泼皮光头"，一下子撞开了世界的大门，也成为方力钧长盛不衰的金字招牌。

方力钧刚出道时画光头，正是"垄断竞争"的产物。

方力钧在上学时就意识到,没有名气的年轻艺术家必须做"最单纯、最强烈的东西",只有靠冲击力才能给人以印象。在1990年代初期,他为了获得吸引人注意的"外壳",选择了能造成很强视觉效果的光头。果然,他的"暧昧的、有点反叛的光头",迅速吸引了多方的眼球。方力钧作品里的"光头",因为与同类"产品"有着巨大的差异而独树一帜。

让方力钧独树一帜的,还有他现实中的光头。

方力钧现实中的光头,有一番很搞笑的来历。他读中专时,校长规定男生头发的鬓角不能超过耳朵,于是,他和几个爱玩的男生被强行要求把头发剪短。无奈,他们几个干脆到理发店剃成了光头,回到学校后,引来了全校师生的哄堂大笑,那位校长被气得浑身哆嗦。当时的场面,想必让方力钧赚足了眼球。

能与"光头"具有相似效应的,还有男画家齐肩、甚至及臀的长发。

在很长一段时期,长头发似乎成了"艺术人"的标签,如果在街头碰到一位"长头发、大胡子、奇装异服"的家伙,十有八九是画画的。在1990年代初期的圆明园画家村,"盲流画家"们很多都是这套标准装备。后来他们移师到宋庄,当地愿意赶时髦的农民也学着蓄起了长发。为了跟农民区别,许多画家就只好像方力钧那样,剃成了光头。方力钧夫人说过:"刚开始找方力钧,只要找一个锃亮的光头就可以了,现在经常是一大堆男人围坐一圈,全是光头,倒无法认了。"

画家们热衷的长发或光头,好处何在呢?

还是与"垄断竞争"有关。其实,有利于垄断竞争的"产品差异",除前述产品本身的品质、规格、款式等客观差异外,还包括消费者主观认识上的差异。由于在包装、广告等方面与众不同,可以使客观上完全相同的产品,被消费者认为有质的差别,经济学称之为"虚假的差异性"。比如,成分完全相同的感冒药,消费者会明显轻信某些品牌的疗效更佳,即使它们价格昂贵也愿意购买。人们常说:"画如其人"。这就使很多人认为,画家外表装扮得越另类,其作品必然越不落俗套。甚至装扮另类的画家自己,也会在这个逻辑里自鸣得意、自命不凡了。

不过,当越来越多的画家都变成了光头,光头也就不够很另类,反倒是西装笔挺者更显眼。

在2008年以来的当代艺术市场上,有一位画家非常引人注目,他就是作品《面具系列1996 No.6》以7 537万港元打破中国当代艺术拍卖纪录的曾梵志。关于曾梵志,人们除了热议他的艺术,还很关注他与普通艺术家极不相同的外表,因为他喜欢用相当讲究的名牌西服、香水、腕表,被戏称为"时尚先生"。

虽然各种天价并不完全由各种另类的装扮决定,但谁能说二者之间没有直接关系呢?

表 22-1　方力钧作品拍卖价格前 10 位（数据来源:雅昌艺术网 2011-10-12）

序号	名　称	估　价	成交价（元人民币）	拍卖公司	拍卖日期
1	1991~1992 年作《B.1963 系列 2,NO.6》	80 万~120 万美元	31 810 130	纽约苏富比	2007-11-14
2	1990~1991 年作《系列一（之五）》	550 万~750 万港元	18 363 780	香港佳士得	2011-05-28
3	1996 年作《1996-10-1》	700 万~1200 万元人民币	15 525 000	北京保利	2011-06-02
4	1998 年作《98.10.1》	60 万~80 万美元	13 441 010	纽约苏富比	2007-09-20
5	2007 年作《2007.08.01》	1 200 万~1 500 万元人民币	13 440 000	北京保利	2010-12-01
6	1998 年作《1998.08.30》	850 万~1 200 万元人民币	10 640 000	北京保利	2008-05-28
7	1997 年作《1997.1》	500 万~600 万元人民币	10 304 000	北京保利	2007-11-30
8	约 1989 年作《无题》	240 万~300 万港元	9 864 900	香港苏富比	2010-10-04
9	1998 年作《1998.8.30》	800 万~1000 万港元	8 398 260	香港苏富比	2010-10-04
10	《SERIES2,NO.11》	350 万~450 万港元	8 347 600	香港苏富比	2011-10-03

相关资料链接:

1　易英《从英雄颂歌到平凡世界》人民大学出版社 2004 年版
2　黄燎原《用光头敲开世界大门》《今日中国艺术家:方力钧》河北教育出版社 2006 年版
3　皮力《和方力钧的谈话》《今日中国艺术家:方力钧》河北教育出版社 2006 年版
4　刘静《方力钧被误读的玩世现实》《青年时讯》2006-03-23

☆延伸阅读:方力钧的光头营销

方力钧可以说是中国内地第一个懂得将自己和自己的作品捆在一起营销的画家,或者说是第一个职业画家。他今天取得的成就,都是在他极其冷静的商业策划下,稳扎稳打、步步为营得到的。正是以他为代表的一批职业画家,用自己的作品和经营手腕,使中国当代艺术品在商业上和学术上、在国际艺坛和收藏界取得了巨大的

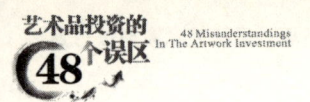

成功。而他，正是这些艺术家中最精明、最具商业头脑和营销天赋的一位，因此也是最早取得成功的一位。

1992年，中国新艺术展在澳大利亚举办。很多艺术家由于卖掉了大部分作品而拿不出力作去参展，而方力钧则由于惜售而保存了所有重要的作品，由此成为新南威尔士和布里斯班的主角。他的那些纯净鲜亮的光头和蓝天白云具有纯粹简洁的力量，非常符合"定位"法则中的独特性这一要素，再加上尺幅巨大，具有极大的视觉冲击力，老外收藏家们很快被这些画迷住，海外画商也从中嗅出了黄金和美钞的味道（方力钧的画有着半政治波普的味道，十分对有着"毛情结"的美国收藏家的胃口），于是西方一些重要美术馆成了方力钧的第一批客户。1993年，在艺术界有着极其重要地位的威尼斯双年展也成了方力钧的天下。美国《时代周刊》也把封面给了方力钧打哈欠的光头，他甚至超越了王朔和崔健，成为中国上个世纪90年代的标志性人物。

潘石屹曾说，时代把几乎每个人都逼成了商人。方力钧则在骨子里天然具有商人的才能，这从他和媒体的关系就可见一斑。方力钧对媒体十分友善，甚至彼此的利用程度可以说是水乳交融。一位意大利纪录片导演为方力钧拍摄了两部长片，原因仅仅是他的配合。他把方力钧比喻成猫，既十分妩媚又十分狡猾，平时睡眼惺忪，碰到猎物才眼露凶光。方力钧的画和他几乎是共同品牌，他每隔三五天就要请人把头上不多的"草"割干净，以保持他的纯净鲜亮的光头形象。他在媒体前经常"谄媚"地摆出自己画中人的姿势，或打哈欠或眯眼或做鬼脸或傻笑，这些举动无非是为了加强他和他的作品的品牌力。他的插科打诨和疯疯癫癫看起来张狂，却是精心设计的。经济基础早就是达到绅士阶层的他，看起来还得像"流氓"，正如成名后的垮掉派诗人金斯堡还得胡子拉碴地住在格林威治村一样。

（摘自黄海《方力钧"光头"营销之道》《新营销》2009-10）

23 中国的画家直销模式,为什么不全行得通

☆ 认识误区之23:"找画家直销一定很划算"
☆ 投资必备要诀:对于大牌艺术家,直接交易会节省中间费用;但对于普通艺术家,还是找画商为好。
☆ 阅读关键词汇:产销分离·画廊·纵向一体化·直销·大工作室模式

中国和西方的艺术市场有许多不同,画家的经营方式便是其中一项。

在西方,画家对画廊的依赖性很强,他们的作品大多通过画廊供给消费者,画家与画廊之间的契约大致有代理、代销、买断3种。在代理关系中,画家须保证为画廊提供一定质量和数量的作品,画廊则要为画家提供生活保障,并确保市场推广。在代销关系中,画家委托画廊销售作品,并支付佣金。在买断关系中,画廊一次性买进画家的大批作品,伺机投放市场牟利。

画家与画廊实行产销分离,是社会分工的结果。

古典经济学家亚当·斯密把分工看作经济增长的中心,他在《国富论》(全称《国民财富的性质和原因研究》)一书中认为:国民财富积累的最重要原因,是劳动生产率的提高;而劳动生产率提高的最佳途径是分工,因为分工可以增进劳动者的技巧,并大量节省劳动时间。西方画家与画廊的明确分工,充分提高了作品的流转效率。画廊富有市场运作经验,它的包装宣传能够迅捷地提升画作价值;而画家把作品交给画廊打理后,可以专心于创作。因西式产销分工而受益的中国画家,既包括旅居法国60余年的赵无极,也包括近年走红的当代艺术大腕张晓刚。

但在国内,许多画家销售作品却不经过中介机构。

李万康博士在《艺术市场学》一书中，将艺术品的供给路径归纳为 8 条，其中之一，便是画家直接向消费者供货。这种"直销"，曾是中国传统社会的主要书画供给方式，一直到民国时期仍然沿用不衰。虽然至 1990 年代，西方的画廊代理制大举传入中国，但多数画家和画廊的代理关系并不紧密，许多画家即使签约，也会违约与买家私下交易。最被画廊诟病的是，有些画家经画廊运作成名后，将画廊一脚踢开，自己销售，独享市场的好处。

近年来"大工作室模式"的出现，加剧了画家的"自产自售"倾向。

自由艺术家王鲁炎对此分析说：2004 年之后，大工作室的迅速普及，让中国当代艺术家迅速进入独立、专业和强势状态。在一定程度上，大工作室可以让艺术家独立于画廊、美术馆、评论家，完成从制作到展示、再到销售的全过程。在一些懂得运作的艺术家那里，工作室已经迅速机构化甚至公司化，其中有专人负责学术展览、联系媒体以及市场运营。

画家的自产自销，在经济学中被称为"纵向一体化"。

所谓"纵向一体化"，是指企业将产业链上的若干环节结合，组成统一的经济联合体。"纵向一体化"包括前向和后向两种："前向一体化"通常是制造商对产品进行深加工，或者自行组织销售；"后向一体化"通常是企业自己供应生产所需的原材料或半成品。显然，画家的直销行为属于前者。企业实行"纵向一体化"能大大增加自身的收益。首先，企业将外部市场内化之后，可以节约与销售商之间的交易成本，实现与消费者的双赢。其次，省却了中间商环节，可能确保产品的输出渠道更为畅通。国内许多艺术品投资者不很愿意去画廊，而是喜欢找画家私下成交，其原因之一正是价格便宜，原因之二正是没有赝品之忧。除此之外，画家采取直销还可以完全自主定价。

不仅商业利益，"纵向一体化"对中国画家另具深意。

李万康认为：中国艺术家在传统艺术观念的浸染下，特别强调艺术的自由超越，不愿被世俗物欲所侵害。然而，在如今以金钱为纽带的"画家－画廊共同体"中，画家的创作极易受画廊的"强制"。为了回避画廊的强制，大多数中国画家即便与画廊合作，也更倾向于代销，而不是代理。尤其那些对中国传统艺术精神体悟特深的画家，会干脆避免签约以彻底摆脱商业的羁限。

不过，"纵向一体化"也有明显的局限性。

企业实现"纵向一体化"的前提是，必须具备充足的资金和人力资源。所以，只有当他们现有的销售商不能满足需要，或者销售商过低压制了出厂价格或者中间销售环节的利润很高时，生产企业才会实行一体化。同样，对于普通画家而言，画廊运作的一整套流程几乎无法独立完成,即便实力颇丰的画家,也很难承担"一体化"的高昂代价。客观地说,画家的"纵向一体化"之路看着很美,却很难益行。

在投资者这边,是否应该与画家直接交易,自然要因人而异。

相关资料链接:
1 李万康《艺术市场学》复旦大学出版社 2005 年版
2 许鹏,刘锋《书画大鳄心痛画廊代理制不火》《成都商报》2006 - 06 - 09
4 王鲁炎《大工作室时代的诞生与终结》《中国新闻周刊》2010 - 06
5 潘洁《画廊代理制为啥火不起来》《国际金融报》2009 - 11 - 17

☆延伸阅读:公寓时代与大工作室时代

(20 世纪)70 年代末到 80 年代,我们是在自己家里画画。那时候我住在东四十条的一个胡同里,我家 12 平方米。画的时候把床掀起来,画完之后再放下来。当时我最大的画可以画到 10 米。但是在房间里的距离,没办法有画面的整体感,比例上肯定要出错误。我就用广角镜头先把画面都收到镜头里,把控整个画面,但是那样画面就会变得非常小。我们离二环路特别近,白天车多没有办法画,就每天等到半夜 12 点,我和我老婆拿着东西一块儿到二环路上去画,没车的时候抓紧画,有时候有车过来,风会把画掀翻,弄皱,有时候翻得满大街都是。到了凌晨两点左右,捡垃圾的人就出来了,画一旦皱了跟垃圾特别像,那些捡垃圾的就会去捡那些画,我们去抢,他们以为我俩也是捡垃圾的,还会发生争执。

这就是那个时代所有中国当代艺术家的工作状态。70 年代末到 80 年代中期中国艺术家的巨幅作品非常非常少。因为小尺幅的作品符合"公寓艺术"的特点,画了以后可以储存可以展示,所以说,空间的大小在一定程度上决定了中国当代艺术的尺寸,也决定了当代艺术强势或是弱势的身份。

2004 年是中国进入工作室时代的元年。我第一个工作室租在索家村。那里有 90 平米和 180 平米的工作室。因为之前习惯了在 30 平米的客厅画画,看到 90 平米、6 米挑高的大空间,觉得太大了,这要画多少东西才能把这个空间填满,因为当时脑子里还局限于只画那些小作品。但是看到很多人都租 180 平米的工作室,我也就租下来了。当时的价格是每天每平方 6 毛多,一年 4 万多块。当时对我来说是挺大的数字。进入工作室时代之后,中国艺术家作品的形态和规模变得越来越大,甚至有很多高成本大制作的作品出现。中国当代艺术的地位,也从边缘逐渐变成整个亚洲的主导。

(摘自王鲁炎《大工作室时代的诞生与终结》《中国新闻周刊》2010 - 06)

24

吴冠中创造的"社会福利",为什么最大

☆ 认识误区之24:"画家的市场关注度,主要在于艺术成就"
☆ 投资必备要诀:中国向来"画以人传",画作价格很大程度上来自画家的人格。
☆ 阅读关键词汇:吴冠中全集·打假·消费者剩余·生产者剩余·终身成就奖

吴冠中是中国艺术市场的奇迹。

早在1987年,由香港艺术中心主办的"吴冠中回顾展"在包兆龙画廊举行,展出的100余幅作品40分钟内即告售罄。据"雅昌艺术网"2011年10月初的数据,2000年以来,吴冠中各类作品总成交2 165件,均价高达120万元。他以36亿3 357万元的总成交额,在中国古今所有画家中仅逊于齐白石。其画作的单价也相当惊人,1 000万元以上的共计55件次。其中,1988年作《狮子林》于2011年6月在"北京保利"拍至1亿1 500万元。

吴冠中的奇迹还不仅限于此。

就在吴冠中的4件作品以数千万元成交的2007年,湖南美术出版社出版了《吴冠中全集》。9卷本的《吴冠中全集》是该社继1996年出版《齐白石全集》之后的又一巨制,历时两年编撰而成,共收录了画家不同时期的精品力作2 048件。这种为在世画家出版全集的事情,为国内首创。其原因是,吴冠中作品的市场太火,造成伪作频出。此次入编全集的作品均由画家本人甄别,目的正是给购藏者提供辨明真伪的最全面、最权威资料保障。

市场极火的吴冠中,创造出了极大的"消费者剩余"。

在经济学中,"消费者剩余"是指消费者的"支付意愿"减去其实际支付金额的节余,"支付意愿"越大"消费者剩余"就越多。购藏者对吴冠中作品的"支付意愿",实在大得出奇,从10多年前的假画案便可见一斑。1993年,"上海朵云轩"和"香港永成古玩拍卖有限公司"联合在香港拍卖中国画《毛泽东肖像》,该画上有"炮打司令部,我的一张大字报。毛泽东"字样,落款为吴冠中。吴冠中在拍卖前认定该画为伪作,并委托文化部市场管理局和中国文化艺术总公司,要求主办方撤下。但主办方对吴冠中的要求置若罔闻,拍卖依然进行。为此,吴冠中于第二年向法院起诉。1995年9月,这桩国内首例假画侵权案一审审结,吴冠中胜诉。让人称奇的是,在吴冠中已经声明拍品系伪作之后,仍然有买家竞标,被一位台商以52.8万港元竞得(高出估价2倍多,创该场拍卖会最高价)。对假画的"支付意愿"尚且如此之大,真画自不待言。

吴冠中不仅创造了极大的"消费者剩余",他的"生产者剩余"同样不小。

在经济学中,"生产者剩余"指生产者销售收入额与"生产成本"之间的差额,"生产成本"越低"生产者剩余"就越多。吴冠中创作的生产成本,实在低得出奇。1970年,他随中央工艺美院师生下放到河北获鹿接受"再教育",2年后被准许在节假日作画。因为没有画具,他去小商店买来放在地头写语录的小黑板,刷上胶代替画布。他又借来老乡的柳条粪筐,既当画架、又盛颜料什物,他因此被戏称为"粪筐画家"。1973年,他返回北京前海的"会贤堂"居住,因为陋室实在狭小,无法创作和存放大幅油画,他只得开始用宣纸作大幅水墨画。

由于创造了极大的"消费者剩余"和"生产者剩余",吴冠中为我们创造了无与伦比的"社会经济福利"。

在经济学中,"社会经济福利"是指个人福利的总和,它的衡量指标是"总剩余"。用算式表示:总剩余=消费者剩余+生产者剩余=(消费者支付意愿-支付额)+(生产者销售收入额-生产成本)。由于式中的消费者支付额=生产者销售收入额,因此,总剩余=消费者支付意愿-生产成本。在中国各类画家中,吴冠中作品的"消费者支付意愿"大到了极致,而他的"生产成本"低到了极点。这两者之间,便是他创造的巨大"社会经济福利"。

2003年,中国文化部为吴冠中颁发了"终身成就奖"。抛开他的多项其他奇迹不论,仅就他创造的"社会经济福利"而论,这项荣誉也确实当之无愧。吴冠中在美术界内外的一致好评,与此同样不无关系。

表24-1 吴冠中作品拍卖价格前10位（数据来源：雅昌艺术网2011-10-12）

序号	名称	估价	成交价（元人民币）	拍卖公司	拍卖日期
1	1988年作《狮子林》	咨询价	115 000 000	北京保利	2011-06-03
2	1975年作《木槿》	咨询价	63 250 000	北京保利	2011-06-03
3	约1973-1974年作《长江万里图油画长卷》	咨询价	57 120 000	北京翰海	2010-06-06
4	1980年作《网师园》	1 600万~2 000万元人民币	51 750 000	北京匡时	2011-06-06
5	1988年作《双燕》	咨询价	46 000 000	北京保利	2011-06-03
6	1981年作《交河故城》	咨询价	40 700 000	北京保利	2007-05-31
7	1975年作《青岛》	1 800万~2 800万元人民币	40 250 000	北京保利	2011-06-03
8	1975年作《木槿》	咨询价	39 200 000	北京保利	2007-11-30
9	约1973-1974年作《长江万里图油画长卷》	咨询价	37 950 000	北京翰海	2006-12-17
10	1970-80年代作《山水花卉动物册页》	咨询价	35 840 000	北京保利	2010-06-02

相关资料链接：

1 编辑部《吴冠中及"现代彩墨"板块，社会势点奠定后市人气》《东方艺术》2006-05
2 吴冠中《目送飞鸿——〈吴冠中全集〉自序》《美术研究》2007-02
3 邹建平《〈吴冠中全集〉的编辑工作》《美术之友》2007-06
4 吴海民《揭秘吴冠中画〈炮打司令部〉的弥天大谎》《中国版权备忘录》华艺出版社2008年版
5 水天中《吴冠中和他的艺术》《文艺研究》2007-03
6 《吴冠中生平自述》博艺网专稿2007-10
7 赵李红《吴冠中："画价冠军"的平民生活》《北京晚报》2008-03-09

☆延伸阅读：吴冠中与天价

"2008胡润当代艺术榜"揭晓，吴冠中2007年公开拍卖的作品总成交额高居榜首。笔者在向吴先生爆料时，吴先生却说："艺术是无价的。天价与我无关，都是藏家转来转去。好的作品要经得住历史的考验。我说过，我要把好的作品留给国家，我一定会兑现。"

笔者曾多次采访吴冠中先生。每每经过方庄时，都想起吴先生那个"下蛋的窝，那个诞生作品的基地"。有一次全楼更换新水表，维修工走进吴先生的家，惊叹"这水泥地板太少见了"。最初走进吴先生简朴而不艺术的家时，亲眼感受了艺术上执著创新、生活上"顽固守旧"的反差，感动迅速形成了一种崇敬。画价冠军的理发馆就是小区露天处，图它省时间，花几元钱还能和理发师聊天。吴先生说，以前去理发馆要排队很耽误时间。后来马路上冒出很多发廊，不用排队了，但里面人的装束让他害怕不敢进。后来，小区里有了退休职工办的露天理发，十来分钟解决问题。如今他们的条件改善了，不再露天而有了固定的房子，来这里又快又方便。

吴先生说，早年为了野外写生不上厕所，他能一天不吃不喝。这习惯现在还保留，中午依然不午睡。当年出去写生，人们看他的装束，不是把他当成修雨伞的就当成修鞋的。2006年12月，香港中文大学授予吴冠中先生名誉文学博士学位。香港中文大学许云娴处长告诉笔者：原来准备在吴先生家颁奖，但看到吴先生的家非常简朴，考虑到现场效果，就改在了中国大饭店一间小会议室举行。

吴冠中先生在他的全集自序中说："苦其心志，劳其筋骨，孟子这样对我说……推翻成见是知识分子的天职，创造新意境、新审美，更是艺术家的身家性命。亦即对后人的全部贡献。"

（摘自赵李红《"画价冠军"吴冠中的平民生活》《新阅读》2008-11）

第四章 看穿艺术营销秘密

（清）石涛《松荫研读图》立轴 水墨纸本
2009年11月22日在北京保利以1 904万元成交

25

中国艺术品拍卖行，为什么距离"垄断寡头"很远

☆ 认识误区之25："中国艺术拍卖行，可以跟世界拍卖巨头接轨"
☆ 投资必备要诀：不同级别的拍卖行，信誉度、服务水平等差异很大。
☆ 阅读关键词汇：提高佣金·佳士得·苏富比·寡头垄断

2009年8月，《北京商报》解密了拍卖圈的一条"潜规则"：北京某家著名艺术品拍卖公司的总经理坦言，许多公司为了征集到好藏品，只能少收或者不收取卖家的佣金。为了保证拍品能够竞拍成功，他们有时甚至会替买家交预付款。其实，这种潜规则，在内地拍卖业早已经是公开的秘密。

佣金是拍卖公司向委托人、买受人收取的服务费，是拍卖企业最主要的利润来源。主动降低佣金，自然是无奈之举。

不过在2年前，另外两家国际著名的拍卖行，却有与内地"潜规则"完全相反的举措。"香港苏富比"从2007年1月29日起上调佣金：成交价在400万港元及以下的部分以20%计算，在400万港元以上的部分以12%计算。随后，"香港佳士得"从2月7日起实行同样收费规则。而此前的2005年，这两家拍卖行刚刚上调过一次佣金。

二者之所以敢于强力吸金，原因极简单：他们是世界级的拍卖巨头。

"佳士得"自从1766年由创始人詹姆斯·克里斯蒂在伦敦举行首次拍卖后，200多年来生意越做越大，目前，它的办事处分布于全球90个主要城市，在16个地点定期举行拍卖会。即使在2008年全球经济萎缩的大背景下，其艺术品总

成交额仍然高达51亿美元。与其比肩的"苏富比",自从1744年由创始人塞缪尔·贝克在伦敦拍卖一批藏书后,至今业务遍及34个国家,定期在15个主要艺术中心举行拍卖,它2008年的全球成交总额高达53亿美元。

"苏富比"和"佳士得"两家巨无霸,已经形成了"寡头垄断"。

在经济学中,"寡头垄断"是指某种商品的生产或销售由少数几家大厂商控制,厂商之间虽然也有竞争,但更接近于完全垄断状态。寡头垄断市场的最基本特征是,极少量的厂商占有了极大的市场供给份额。如今的"苏富比"与"佳士得",控制着全球艺术品拍卖市场总值的70%,而其他拍卖行的数量则在日益减少,行业第三、四名的收入正日益削弱。

与"垄断竞争"不同,产生"寡头垄断"的根源不是产品差异。

它既可以是供应同质产品的"纯粹寡头垄断",也可以是供应异质产品的"差别寡头垄断"。形成寡头垄断的原因有两个:其一是缘于市场竞争的垄断,是厂商通过自身的竞争优势获取垄断地位,比如微软在操作系统软件领域的垄断;其二缘于政府法定的行政垄断,是政府通过法律法规赋予行业中的某个企业以垄断权力,主要出现在一些具有自然垄断属性的行业当中,比如供水、管道煤气等。

"苏富比"与"佳士得"经营的业务范围大同小异,它们的垄断寡头地位,是通过各自的竞争优势获取的。例如苏富比的成功,取决于其敏锐的判断力、卓越的影响力。它不仅把握了拍卖业向艺术品的转型,以及印象派和当代艺术的兴盛;而且,它还实施国际化策略,抓住了美国、日本和中国崛起的机遇,率先拓展新兴市场,推动了美国画派作品、中国古代工艺品、亚洲当代艺术品等的价值重估。

在佣金上,内地的拍卖行当然也不甘落后。

就在"苏富比"和"佳士得"相继提高佣金后不久,内地艺术品拍卖业的老大"中国嘉德"宣布:从2007年5月12日春拍开始,将买方佣金由10%调升至12%。这是此行业兴起10余年来,首次调整买方佣金。随后的秋拍,"北京长风"、"匡时国际"等拍卖行,也上调买受人佣金2%。再接下来,其他城市的多个拍卖行闻风跟进,陆续提高佣金。虽然一些拍卖公司声称,提高佣金是对拍品有信心的标志,并相信"有真本事,就不怕没客户";"中国嘉德"则表示,此举是基于运营成本持续增长、服务标准不断提升的要求。但让业内很多人不得不担心的是,无论拍卖行实力、还是拍品质量,内地拍卖行根本无法和两家国际巨头相比。2008年保持内地拍卖业总成交额首位的"中国嘉德",年总交易额也只有 18 亿元人民币。

内地拍卖企业在佣金上的跟风，是福是祸，还有待长期考量。

好在，"苏富比"目前还没有在内地开展拍卖业务，"佳士得"也仅仅获批让"北京永乐"使用它的商标，内地企业在内地尚没有致命的竞争对手。但很显然，内地拍卖行业不大可能如供水、管道煤气企业那样，被政府赋予寡头垄断权力。在数百家艺术拍卖行各显神通、甚至闹过"零佣金"的行业背景下，"中国造"艺术拍卖企业与世界级垄断寡头的距离，远不是增加几个百分点佣金那样简单。

相关资料链接：

1 杨帆《解密拍卖圈三大"潜规则"》《北京商报》2009-08-03
2 杜卡《中国嘉德跟进香港苏富比、佳士得调高买方佣金至12%》《CANS 艺术新闻》2007-06-07
3 梅建平，马晨薇《苏富比，百年标本》《新财富》2007-08-15
5 李伟铭，邓敏《艺术品大热，川内拍卖行首调佣金》《成都商报》2008-01-05

☆延伸阅读：佳士得拍卖行

佳士得拍卖行（CHRISTIE'S，旧译克里斯蒂拍卖行）是世界艺术市场的顶尖拍卖行，2009年全球艺术品拍卖及私人洽购交易的总成交额高达21亿英镑（33亿美元）。佳士得拍卖行的名字代表了精美绝伦的艺术品、无可比拟的服务和专业知识，以及蜚声国际的显赫名声。

佳士得1766年由詹姆士·佳士得创立，于18~20世纪先后举办多场重要的拍卖会，至今依然是珍罕独特艺术品的汇集之地。佳士得每年举行450多场拍卖，涵盖超过80个拍卖类别，包括各类装饰艺术品、珠宝、影像、收藏名品、名酒，等等，价格从200美元至8000万美元不等。佳士得在世界32个国家和地区设有57个代表处及10个拍卖中心，包括伦敦、纽约、巴黎、日内瓦、米兰、阿姆斯特丹、迪拜及中国香港。佳士得亦积极拓展地区市场，不但拍卖种类更多，价格亦屡创新高，领导市场。

（摘自佳士得官网 http://www.christies.com/about/company/index_ch.aspx）

26

拍卖市场，为什么可能陷入"公地悲剧"

☆ 认识误区之26："艺术品拍卖行很容易保真"
☆ 投资必备要诀：是否承诺在认定拍品失真后无偿退还成交款及佣金，是考量拍卖行信誉的重要依据。
☆ 阅读关键词汇：赝品·拍卖法·不保真条款·公地悲剧

相比画廊或古玩店，艺术品投资者更信得过拍卖行。

拍卖具有其他交易方式不具备的优点，尤其艺术品所常用的英国式拍卖（增价式拍卖），因为透明度高而被买家看好。重视声誉的拍卖公司，大都会对所有预拍艺术品全面考证，并在竞拍前公开展示，供竞买人品评鉴定。投资者曾经普遍认为，到拍卖行一定能以高价换来珍品，特别是对国内外的拍卖业巨头更是信赖有加，很乐于去那里一掷千金。

但很多无奈的现实，让买家对艺术品拍卖越来越不放心。

是赝品惹的祸，最典型的案例是吴冠中的《池塘》假画案。2005年，一位上海藏家在北京某家著名拍卖公司的"油画雕塑专场"上，以200余万元拍下一件署名吴冠中的油画《池塘》。半年后，她被告知该画是赝品。2008年，吴冠中本人在该画的背面写下："这画非我所作，系伪作"。同年，这位上海藏家将拍卖公司起诉至北京市第一中级人民法院，但很快，法院驳回了全部诉讼请求。藏家不服，于2009年上诉至北京高法，终审依旧维持原判。此类拍到赝品却得不到法律支持的事件，屡见不鲜。

原来，从拍卖行买到赝品只能自认倒霉，是"有法可依"。

尽管《合同法》规定，如果以欺诈手段使对方订立合同，受损害方有权变更或撤销合同，并要求赔偿，但是，拍卖属于特殊的交易活动，应该优先适用另一部专门法律——1997年实施、2004年重修的《拍卖法》。《拍卖法》的第61条明确规定："拍卖人、委托人在拍卖前声明不能保证拍卖标的真伪或者品质的，不承担瑕疵担保责任。"事实上，大多数拍卖行都会在拍卖前声明：对拍卖品的真伪或品质不承担瑕疵担保责任，竞买人应当审看拍品原物，对自己的竞投行为负责。

"不保真"是艺术品拍卖行业的通用规则。

拍卖公司动用"不保真"条款，大多出于无奈。艺术品具有非统一性、非实用性、非再生性、非确定性等特点，拍卖行因为能力所限，鉴别艺术品真伪往往困难很大。他们如果承担瑕疵担保责任，势必有很大的经营风险。不过，也有一些拍卖行是以"不保真"条款作挡箭牌，为获取利润"睁一眼、闭一眼"，甚至肆无忌惮地知假拍假。不论哪种情形，"不保真"都带给整个艺术品拍卖行业致命的打击。购藏者由于该条款加大了风险，从而对拍卖行产生戒心，拍卖行赝品的空前增多，甚至让投资者觉得那里是假货的窝点。

缺乏诚信的艺术品拍卖行在《拍卖法》庇护下，让整个行业成了肆意攫取私利的"公地"。

在经济学中，"公地"是对公共资源的形象比喻。中世纪英国的公共草地上，居民可以自由放羊，随着牧羊数量的不断增加，草地退化，许多家庭最终因此失去了收入来源。发生"公地悲剧"的原因，是公共资源的两个特殊属性：其一，公共资源没有"排他性"，任何人都可以免费使用、从中获益；其二，公共资源具有"竞争性"，每个人的使用都会降低其他人的使用质量。这样，公共资源很容易因为被过度利用而恶化。如何阻止"公地悲剧"呢？最简单的方法是明晰公共资源的产权。英国在划定了每个家庭的放牧范围之后，人们用栅栏圈起自家草地，并积极地保护其再生能力。17世纪的英国圈地运动，便出现了这种结果。

国内一些有远见的艺术品拍卖公司，已经在拍卖行业"公地"上自觉圈地。

早在2003年，"浙江丽泽拍卖公司"就曾推出首个"古玩保真拍卖专场"，承诺拍卖结束后7日内，买家可以无理由退货。第二年，陆续又有两三家拍卖公司打出保真牌。2005年，国家发改委下属的"北京中招国际拍卖有限公司"推出"当代名家书画保真保退拍卖会"，它承诺："买家在购买拍品3个月内，若由画家本人否定，或由中国收藏家协会认可的'书画鉴定团'中任意两名专家

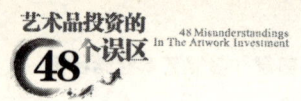

联名认定为非真品,公司都将无偿退还全部成交款及佣金。"

英国在经历"圈地运动"的阵痛过后,草场神奇地变好,从此发展为日不落帝国。假如内地更多的拍卖公司圈下自己的土地,并悉心养护,中国艺术品拍卖业的状况一定也能神奇地好转。

相关资料链接:

1 佚名《书画拍卖"保真保退"不是作秀》《南京日报》2005-06-06
2 桂杰,王亦君《"拍卖不保真",艺术品市场鱼目混珠谁来管》《中国青年报》2009-01-22
3 李晓斌《谁为赝品买单:从佳士得拍吴冠中假作事件谈起》《理财师》2009-08-12
4 刘亚东《标准之路——中国艺术品市场规范调查》《艺术市场》2010-08

☆延伸阅读:英式拍卖

英式拍卖(the English Auction)亦称"增价拍卖",是最为人们熟知的拍卖方法。拍卖人宣布拍卖标的起叫价及最低增幅,竞买人遵循由低到高的次序逐次应价竞争,最后以最高竞价者三次报价无人应价后,响槌成交。但成交价不得低于保留价。英式拍卖的缺点是:既然获胜的竞买人的出价只需比前一个人最高价高一点,那么每个竞买人都不愿马上按照其预估价出价。另外,竞买人要冒一定的风险,他可能会被令人兴奋的竞价过程吸引,出价超出了预估价,这种心理现象称为"赢者诅咒(Winner's Curse)"。

(摘自"百度百科"http://baike.baidu.com/view/1286468.htm)

27

"拍后拒付",为什么让拍卖行苦不堪言

☆ 认识误区之27:"竞买人只能受拍卖行摆布"
☆ 投资必备要诀:拍后拒付是买家反制拍卖行的杀手锏(但非万不得已,不用为佳)。
☆ 阅读关键词汇:拍后拒付·信息不对称·艺术品拍卖丑闻·兽首流拍

市场上的"信息不对称"不仅仅会伤害买家,当买家处于信息优势时,也容易让卖者头疼。

买家竞拍后拒绝付款,便是"信息不对称"带给拍卖公司的"道德风险"。

沈阳发生过一桩很轰动的拒付事件。2004年12月,在"沈阳中正"举办的艺术品拍卖会上,一位神秘竞买人频频举牌。她不仅将一件以120万元起拍的古画《岁朝喜庆图》推高至3 600万元,创东北艺术品的最高价,她还拍下了全场95%以上的书画,总价达680万元。拍卖行因为担心拍品不能最后成交,于当天下午要求竞买人提供300万元的预付款,在遭到拒绝后将她清出拍场。拍卖行表示:签单后不付款属于恶意竞买,如果在3天期限内竞买人不付款,将追究其违约责任。

接下来的事情完全出乎拍卖行意料。

就在距离最后期限半个小时,那位神秘竞买人携带100万元现金和200万元存折来到拍卖行。但随行的代理律师宣称:拍卖行在没有确凿证据的前提下违反保密义务,声称竞买人恶意竞拍,并大肆通过新闻媒介炒作,公开竞买人的隐私信息,给竞买人带来极大伤害,所以要求解除合同。并且,竞买人已经交纳了1万元押金取得竞拍资格,却被剥夺下午场继续竞买的权利,损失巨大,所以要求拍卖行对违约行为赔偿。随后,一行人带巨款离开拍卖行。

对这次拍后拒付，买卖双方各执一词。

按照当时的拍卖行业通例，对成交价在5万元以上的拍品，买家签下结算单后如果一次性付款困难，应当交付不少于成交价30%的订金。"沈阳中正"称：上午场结束后无法找到竞买人结算，所以希望她提供可靠的资金证明。由于竞买人没有支付足够的款项，才取消其竞买资格。而竞买人称，她并不知道需要当场支付30%预付款。她表示：因为对图录上的拍品都感兴趣，打算参加当天所有拍卖后，再统一结算，是拍卖公司违约阻止了她正常竞拍。对于已经签单的拍品，她说"很想买，但因为自己的照片被媒体披露，考虑到自身安全不敢买了"。

竞买人的说法是否属实，拍卖公司很难考证，此时的买家完全是"信息不对称"的优势一方。

在法律上，并不禁止单个竞买人拍下全场拍品，尽管一个人喜欢并有能力买下全场拍品的可能性较小。所以，拍卖行对"恶意竞买"只能怀疑却无法举证。拍后拒付无疑让拍卖公司枉费了许多人力物力。那次被称作"艺术品拍卖界丑闻"的拒付之后，"沈阳中正"只得重新拍卖。由于部分委托人对拍卖公司失去信心而索回了多件拍品，许多外地买家也不愿再参拍，结果，多数拍品仅以起拍价成交。那位以3 600万元拍下《岁朝喜庆图》的买家，也以遭遇恶意竞拍为由，拒绝付款。

为避免因买方处于信息优势而产生"道德风险"，卖家需要建立监督机制。

拍卖行常用的监督方式是收取保证金，在国际上，还通用"黑名单"制度，即拍卖公司对表现不良的竞买人登记在案，下次拍卖不予合作。不过，"黑名单"也难以杜绝拒付，甚至连最大牌的拍卖行都难以幸免。2009年2月，"佳士得"在巴黎拍卖北京圆明园流失的鼠首、兔首铜像，一位神秘买家通过电话以3 000余万欧元购得。而此前，两件兽首拍卖正被密切关注：中国国家文物局要求"佳士得"撤拍，理由是"这些文物理应归还中国"；在法国，因为巴黎大审法院驳回了"中国追索海外流失文物律师团"的禁止拍卖请求，引起巴黎华人上街抗议。所有反对拍卖的人，都在期待着流拍。拍卖落槌4天后，一个惊人的消息传来，神秘买家蔡铭超现身北京，告知媒体"这个款，不能付"。

"佳士得"万万想不到，它的这位VIP客户竟利用信息不对称拒付，让兽首变相流拍。

蔡铭超的拒付理由是："佳士得"拍卖不是正常行为，本身破坏了商业规则。他在拍卖前就已经打定主意，"拍下兽首，但绝不给钱"。蔡铭超的拒付得到了中国民众的力挺，支持者称赞道：蔡铭超显示了中国民间的力量与智慧，他打了一场漂亮的阻击战。在某网站的民调中,蔡铭超的支持率高达 70% 以上。尽管蔡铭超可能因为拒付被"佳士得"列入黑名单,但他似乎并不十分在意。他说:"好东西还是可以从别人那里买。"

这样看来,即便世界级拍卖巨头,也难免信息不对称之苦。而国内外近年来层出不穷的"拍后拒付"说明,市场上信息不对称的交易双方,将永远博弈下去。

相关资料链接:

1. 王鹏飞,陈胜谦《东北艺术品第一高价,神秘买家 3 600 万搅局拍卖会》《沈阳今报》2004 - 12 - 27
2. 李湘荃《沈阳一底价 120 万国画拍至 3 600 万买家搅局》《法制晚报》2004 - 12 - 28
3. 王鹏飞《"辽宁第一拍"果然黄了》《沈阳今报》2004 - 12 - 28
4. 佚名《中国拍卖界耻辱:大四阔绰女生天价竞拍内幕追踪》《晨报》2004 - 12 - 31
5. 赵冉,何君凝《"恶意竞买"折射出拍卖业潜藏的法律缺失》《青年时讯》2005 - 01 - 27
6. 杨时《圆明园兽首拍卖真相调查》《中国新闻周刊》2009 - 03 - 18
7. 王发《蔡铭超拒付"兽首"天价款的前后》《湖南工人报》2009 - 03 - 13

☆延伸阅读:圆明园兽首拒付

圆明园兽首买家蔡铭超公开表示"不会付款",蔡铭超不需承担任何法律责任。

首先,佳士得拍卖行不顾文物所有权人的反对,强行拍卖中国文物,就是一个最大的不诚信和侵权行为。拍卖物的来源不合法导致竞买人撕毁合同的,不需要承担法律责任。

其次,中国文物管理部门已经向国内外宣布追查拍卖物下落,禁止办理文物出入境手续。佳士得拍卖行明知道竞买人是中国商人,还高价交易,就应当意识到交易的风险。法国的法律可以不追究佳士得拍卖中国文物的侵权法律责任,但是当这些文物被中国的买家拍下时,就要面临一个严肃的问题,国家文物部门有权利对中国的文物买家采取法律措施。蔡铭超作为中国公民参与竞买,佳士得明知可能出现的无法交易情况却放纵其竞买成功,这是对交易不付款行为的默认。

第三,关于诚信问题。中国人很诚信,在依法追讨海外流失文物。而蔡铭超无法交易的原因是拍卖物不合法,无法完成文物的出入境手续,拍卖行应当为拍卖物的瑕疵承担无法交易的法律责任。此次事件中,最不诚信的是兽首持有人和佳士得拍卖行为。

(摘自佚名《圆明园兽首中国买家拒付何罪之有?》http://wq.zfwlxt.com/blog/BlogShow.aspx?itemTypeID)

28

"中拍协"行规,为什么难治行业乱象

☆ 认识误区之28:"《中国文物艺术品拍卖企业自律公约》可能成为拍卖行的座右铭"
☆ 投资必备要诀:不要轻信拍卖行发布的数据。
☆ 阅读关键词汇:中国拍卖行业协会·自律公约·虚报成交额·新华社

在国内食品、物流等行业黑幕接连被曝的背景之下,"中国拍卖行业协会"于2011年6月10日发布《中国文物艺术品拍卖企业自律公约》。它成为业内的又一焦点。该《公约》的内容包括:自觉遵守有关法规、按规范运作;不超范围经营;不出租、出借或转让经营资质;不拍卖国家禁流通物品;不拍卖被盗或非法出境文物;不从事经营性鉴定业务;不拍前收费;不知假拍假;不对标的虚假宣传;按照严格程序审鉴委托作品;杜绝假拍;抵制违规客户;不恶性竞争;及时公布经营情况和有关数据、自愿接受社会各界监督。共计14条之多。

不了解艺术品拍卖现状者,大概很难从该《公约》中看出感人之处。

原因很简单,自律内容归结起来不外乎三个字:"守规矩"。拍卖作为最公平、公开、公正的交易方式,被国内艺术品市场追捧,让很多投资者信赖有加。然而,新出台的《公约》的大部分自律条款,已由施行多年的《拍卖法》、《文物保护法》、《拍卖管理办法》、《文物拍卖管理暂行规定》所明示,也是国际同行的通则。将应该例行的规矩拿出来"公约"一下,不免让人觉得多此一举。

不过,业内人士却深知此举颇不平常。

原因同样很简单,"不守规矩"在艺术品拍卖行业内早已经司空见惯。比如此前媒体广泛报道过的拍卖公司"虚假鉴定",其目的在于鼓动收藏者送拍,以骗取各种前期费用。而对于一直屡见不鲜的"假拍",批评家朱其便以《当代艺术拍卖有个"谎言共同体"》一文,揭露拍场的"天价做局"。即便如此,善良的人们仍愿意相信,"不守规矩"只是那些草台班子公司的伎俩,或者只是大牌拍卖公司偶尔所为。

但此次曝光的多家拍卖巨头涉嫌违规,着实出乎多数人意料。

在2011年春拍中,两件书画分别由两家拍卖巨头相继拍出4亿余元天价,引发网民质疑背后有人炒作,新华社"中国网事"记者由此展开调查。记者通过探访2010年总成交额前4位拍卖巨头后发现,按各自官网和"中拍协"的数据,4家拍卖公司的年度总成交额分别为91亿元、75亿元、34亿元、26亿元。据各自拍卖规则估算,4家的佣金收入分别应为18.2亿元、15亿元、6.8亿元、4.7亿元。若按营业税5%计算,它们当年的营业税分别应为9100万元、7500万元、3400万元、2350万元。而实际上,4家公司已缴营业税或《企业年报》中的"主营收入",分别仅为理论值的16%~25%。

资深人士称,拍卖巨头们要么涉嫌偷漏税,要么涉嫌虚报成交额。

对此,新华社"中国网事"于2011年6月7日发文《艺术品拍卖"天价"有猫腻,记者调查揭"天价拍卖"重重黑幕》。在确凿的数据面前,拍卖行业巨头的"假拍"只好大白于天下。对于假拍,其中一家涉事拍卖行的负责人直言:"假拍在拍卖界肯定存在,这是市场发展的现状。""中拍协"会长张延华则坦陈:在我国250家具备文物拍卖资质的企业中,真正做得好的并不多。

作为全国性行业组织的"中拍协",其会员企业的年成交额占总量的八成以上。它自然要对如此严重问题表态。

针对上述违规行为,"中拍协"迅速召集了近10家拍卖企业紧急讨论。在发给新华社记者的《反馈函》中,"中拍协"承认,报道中涉及的虚假鉴定、拍前收费、信息披露不透明、相关数据发布标准不统一的问题,在行业中一定程度上确实存在。它同时表示,将组织全行业自查自纠,并尽快向社会发布《自律公约》。

不管情愿与否,《公约》的发布等于招认了违规现象的普遍存在。

问题是,这部让整个行业很丢份的《公约》,到底是掩饰颜面的遮羞布呢?还是规避继续丢脸的座右铭?"知耻而后勇",但愿拍卖行业当真就此自律自警,恪守规矩。不过,行业协会并非政府职能部门,没有过多的管理权,"中拍协"相关负责人表示:对违约企业的最严重处罚,只是提请有关部门吊销其拍卖资格。

了解"中拍协"性质的人,不难理解它此举的无奈。

作为行业协会,"中拍协"的宗旨是为政府部门和会员单位双向服务。一方面,它要协助政府贯彻执行国家方针、政策和法令,促进企业规范化管理和规范化经营;而在另一方面,它要维护拍卖行业的权益。为此,它会组织和实施成员间的合作,变通或影响政府公共政策以保持和增加自身及成员的利益。"中拍协"处于国家利益、行业利益、客户利益之间,当三者利益基本一致时,它可以左右逢源;而当三者利益相悖时,它便可能进退维谷。

投资者有理由担心,无力包治百病的《自律公约》如果只是聊以遮羞,行业乱象肯定仍然难以收拾。

相关资料链接:
1 佚名《中拍协回应"天价拍卖"黑幕:涉事企业存违规》新华网 2011-06-10
2 姜琳琳《春拍天价引"揭黑"口水战,中拍协出台行业自律公约》《北京商报》2011-06-13

☆延伸阅读:中拍协《公约》

第一条 为促进我国文物艺术品拍卖市场规范健康发展,执行"公开"、"公平"、"公正"和"诚实信用"的行业原则,维护行业形象,保护拍卖活动相关当事人的合法权益,根据《中华人民共和国拍卖法》、《中华人民共和国文物保护法》、《拍卖管理办法》、《文物拍卖管理暂行规定》等有关规定和国际通行惯例,针对现阶段行业发展中突出问题,制定本公约。

第二条 本公约遵循的基本原则是:遵纪守法、诚信透明、标准服务、公平竞争。

第三条 中国拍卖行业协会为本公约的发布机构;中国拍卖行业协会行业自律办公室和文化艺术品拍卖专业委员会(以下简称中拍协艺委会)为本公约的执行机构;各省(自治区、直辖市)拍卖协会为本公约的协助执行机构。

……

第十八条 公约发布机构负责组织实施本公约。公约执行机构负责向公约成员传递拍卖行业管理的相关法规、政策及行业自律信息,并检查公约成员遵守本公约的情况。公约协助执行机构在各自辖区内负责公约成员执行本公约的监督检查。

第十九条 中拍协艺委会委员单位自动成为本公约成员,其他开展文物艺术品经营的拍卖企业可加入本公约。公约执行机构定期公布本公约的成员名单。

第二十条　公约成员违反本公约的，其他公约成员均有责任向公约执行机构进行检举，有权要求公约执行机构进行调查，执行机构应将调查结果和处理意见回复检举人，必要时应予公示。

第二十一条　公约成员违反本公约的，经查证属实，由公约执行机构视不同程度分别采取通报、取消公约成员资格、取消中拍协艺委会委员单位资格、取消中拍协会员（包括理事、常务理事、副会长）单位资格、取消拍卖行业资质等级、向各行政主管部门通报并提出处罚建议等方式予以处理。

第二十二条　非公约成员违反本公约的，本公约成员承诺采取一致行动对其进行谴责和抵制，必要时由公约执行机构直接向相关行政主管部门提出查处建议。

(摘自《中国文物艺术品拍卖企业自律公约》)

29

"理性定价决策",为什么可以规避委托拍卖骗局

☆ 认识误区之29:"藏品很容易在拍卖行卖得高价"
☆ 投资必备要诀:理性定价,不要被天价评估迷惑。
☆ 阅读关键词汇:安徽汇德·天价鉴定·事前收费·定价方法

本不平静的艺术品市场,2011年初又起波澜。

1月9日,安徽汇德文化交流有限公司在上海举行"2011年上海站大型艺术品拍卖会",因为拍卖会上绝大部分拍品流拍,引起拍品的所有者强烈不满。他们告知媒体:拍卖会现场气氛冷清,很少有人举牌,拍卖师像读课文一样照着投影屏幕速读拍品,寥寥几个买家竟是公司从附近居民中雇来的"托"。经过多家媒体调查确认,该公司以委托拍卖为名,通过提供虚假鉴定估价,诱使来自全国的100余位收藏者缴纳了高额手续费,涉及的拍品超过千件。

其实,行骗过程并不神秘。

一位安徽的藏友称:他2010年9月受该公司约请,带着清乾隆年间的掐丝珐琅器等5件藏品到该公司鉴定,缴付了200元鉴定费,被估价为1亿元。该公司表示将带藏品全国巡展,再集中拍卖。随后,他又支付了10万元的拍卖手续费,将藏品寄存在该公司。另一位河北的女士称:她花费1年时间绣制了一件"清明上河图",该公司打电话表示,可以高于50万元为其拍卖。她到公司后由于没有现金,手续费从10万元降到1万元。在类似的情形下,100余位卖家分别向该公司交纳了1万至数百万元的费用。

中国拍卖行业协会迅速针对此事发表声明，除了严肃要求拍卖企业引以为戒，也对藏友的损失深表遗憾。

"中拍协"给藏友的第一条建议是，警惕拍卖前的高额收费行为。其实，许多人对拍卖业的"事后收费"规则并不陌生，早在1997年施行的《拍卖法》第56条已明确规定，拍卖公司只能在拍卖实施后，向委托方收取佣金或其他合理费用。依照此行规，国内的拍卖公司一般不会在拍卖前向委托方收费。同样，海外拍卖公司也没有"事前收费"的惯例。

真正让藏友中招的，是行骗者的"漫天估价"。

资深收藏人士表示，此类骗局在藏界并不鲜见。行骗者首先包装公司形象，之后称邀请了权威鉴定专家，将送交的藏品吹嘘成价值几十万乃至几百万元。行骗者再声称将举办大型拍卖会，藏品会以高价拍出。一些藏友正是被天价冲晕了头脑，才签订委托合同、交纳高额服务费用。鉴于此，"中拍协"给藏友的另一条建议是"警惕天价鉴定"。

"安徽汇德"的天价鉴定，诱导卖家忽视了艺术品的正常定价机制。

在经济学中，价格是供应者和需求者在商品交易中的重要变数，制定价格的高低通常会影响到交易的成败，而适当的价格能给卖家带来极佳的收益。定价是供求双方共同决策的结果，在卖家一方，定价必须考虑到内外两方面因素：内部因素包括产品成本、营销目标与营销组合等，外部因素包括市场结构、需求价格弹性、市场竞争、国家政策等。

内部和外部因素，分别控制了商品价格的下限和上限。

就内部而言，有一种很常用的"成本导向定价法"，便是以企业内部的成本和利润作为定价出发点。产品成本是定价的下限，在其上部，定价越高企业的利润越大。然而，定价不能无限提高，它必须受外部因素的制约。就外部而言，消费者对商品价值的认知会形成价格的上限，定价只有在该限度之下，才能顺利交易。另一种常见的"需求导向定价法"，便是以消费者的需求作为定价出发点。当然，我们不排除有短期内获得巨额利润的情形，但那必须是在所出售的产品独一无二时，才可以将定价大大地高于成本，经济学称之为"特高定价法"。

理解上述定价方法并不困难，只要卖家头脑清醒，很容易识破前面的骗局。

有一位免于受骗的网友称：他也于2010年底接到了"安徽汇德"的电话，约请拍卖他的十字绣，电话声称曾经以68万元的高价拍出过一幅6米长的十字绣"清明上河图"。这位网友考虑到十字绣家喻户晓，很多人持有成品，他对如此容易参选和定价产生怀疑，始终没有就范。而该案中的那些受骗者，或者是无

视定价常识,听到所谓鉴定师的天价评估后,完全没有考虑是否物有所值;或者是轻信鉴定师,把自己的藏品当成了"独一无二"。

追求藏品的经济价值无可厚非,但是,如果继续有人利令智昏,类似的骗局难免还会上演。

相关资料链接:

1 祝玲,郭宇《亿元大拍竟是骗局,买家全是拍卖公司雇的托儿》《新闻晚报》2011 – 01 – 11

2 陈杰《安徽汇德流拍事件再曝行业乱象》《联谊报》2011 – 05 – 12

3 《警惕以"拍卖"为名骗取服务费用的不法行为——中拍协声明》雅昌艺术网专稿 2011 – 01 – 26

4 李鑫《回收十字绣拍卖——超级大骗局》十字绣联盟网 2011 – 01 – 12

☆延伸阅读：正规拍卖流程

1. 藏家从网上或其他途径获取拍卖行联系方式
   中拍协建议：从中国拍卖行业协会官方网站获取权威拍卖企业信息

　　⬇

2. 藏家和拍卖公司业务部门建立联系

　　⬇

3. 拍卖公司业务部门会发邮件给藏家，让藏家把拍品图片、介绍发至邮箱

　　⬇

4. 拍卖公司初步鉴定后认为感兴趣，回复藏家：约定时间、地点查看实体藏品
   或
   拍卖公司初步鉴定后认为不合适，回复藏家：您的藏品不适合在本公司拍卖。流程结束

　　⬇

5. 藏家和拍卖公司在约定地点见面，查看藏品

　　⬇

6. 拍卖公司业务人员认为藏品适合拍卖，初步商定拍品的拍价、佣金等事宜
   中拍协提示：仅为商定，不收取任何费用
   或
   拍卖公司业务人员判断藏品不适合拍卖。流程结束

　　⬇

7. 拍卖公司和藏家签订拍卖合同，就具体的信息达成一致，并托管藏品

　　⬇

8. 拍卖公司请专家鉴定藏品

　　⬇

9. 专家鉴定合格，正式进入拍卖流程
   或
   专家鉴定不合格，退还藏家。流程结束

　　⬇

10. 拍卖公司协同其他拍品，共同展开招商引资工作

　　⬇

11. 藏品正式上拍卖场进行拍卖

　　⬇

12. 成功拍卖，通知藏家藏品已经拍卖，并通过约定的方式将资金转到藏家手里，并收取佣金
    或
    流拍通知藏家将藏品取回
    中拍协提示：不产生或者产生少量保管费、运费

　　⬇

13. 拍卖结束

（摘自陈杰《藏家屡被"把玩"，中拍协出手捉"李鬼"》《北京商报》2011-01-31）

30

"代理制"画廊,为什么在国内步履艰难

☆ 认识误区之30:"代理制画廊会逐渐普及"
☆ 投资必备要诀:中国的画廊业有中国自己的特色,不必盲目崇洋。
☆ 阅读关键词汇:代理制·完全垄断·买断·进入壁垒·诚信

　　国内的画廊数以千计,几乎遍及所有城市。从画廊的经营模式看,包括截然不同的两大类。

　　第一类是传统式的普通画店。在新中国成立前,传统画店有的是作坊式的画家自产自销,有的是以"斋"、"轩"、"堂"等为名号的代售。这种"画店式画廊"从1980年代以来逐渐复苏,占据着目前中国画廊业的绝大部分份额。虽然它们名目各异,但与传统画店的经营方式几乎没有区别。

　　第二类是1990年代才被引进中国的"舶来品"。1991年,澳大利亚人布朗·华莱士在北京开设"红门画廊",签约代理经营年轻画家作品,成为北京第一家现代意义的画廊。1993年,"第45届威尼斯双年展"上的"中国当代艺术展"引起西方收藏家和批评家的关注,一些欧洲画廊开始尝试经营中国当代画家作品,并越来越多地进入中国内地开设分部。

　　这种"现代形态"的画廊与中国传统画廊的本质区别,在于其"代理"经营模式。

　　目前,国内的"代理制画廊"又分为两种:一是"松散型",即画家拿出部分作品与画廊签约,由画廊完成对该部分作品的市场运作,画家可以同时与多家画廊合作;二是"买断型",即画廊签约买断画家的全部作品,并全权代理该画

家的包装、营销、运作。"代理制"使画廊和画家实现双赢：在画家一方，可以摆脱市场困扰，不再为卖画奔走，从而专心投入创作；在画廊一方，则可以主动选择画家，并得到稳定、高质的作品。

"代理制"画廊是欧美发达国家画廊业的主流，它之所以被热衷，是因为容易形成"完全垄断"经营。

在经济学中，"完全垄断"是指某个行业只有一家厂商的市场结构。因为垄断厂商的产品没有任何替代品，不受竞争者的威胁，所以，它可以控制和操纵该产品的市场价格。尽管任何一家画廊都不能垄断整个绘画市场，但它们却可以通过代理，完全垄断个别画家的部分或全部作品。在西方艺术市场中，画廊与批评家、经纪人、拍卖行、博物馆等都有良好的合作关系，画廊既是画家作品的后期"制作者"，又是收藏家的顾问。作为签约画家的代理人，画廊是为画家定价的唯一权威机构。

产生"完全垄断"的最根本原因，是存在"进入壁垒"。

最重要的"进入壁垒"，是垄断厂商掌握关键性资源，无需担心其他厂商的竞争。"代理制"画廊所掌握的关键性资源，是有富有市场影响力的、供应稳定的作品。"代理制"画廊想提升其作品资源的影响力，必须具备长远的运作规划以及强大的运作能力。画廊在庞大的画家队伍中物色值得投资的人选，首先要有前瞻的眼光，然后做出详细的发展规划团结收藏家和批评家，并保持和媒体的密切合作。在此过程中，画廊需要大量资金投入到办展、出版等项目，推出一名画家至少花费数十万元。在买断代理时，画廊所支付的薪酬更是一笔不小的开支。尤其重要的是，画廊初期的投资并不能在短期内收回，它必须应对长期的资金压力。

目前在国内，上述条件并不具备。

国内大部分画廊因缺乏长远规划和运作能力，自然很难提升代理作品的影响力。画家的违约，更使得画廊的"代理制"大打折扣。画家认真履约，提供部分甚至全部作品，是画廊得到优质资源的可靠保证。然而，因为国内还没有建立良好的诚信机制，画廊与画家之间经常不够相互信任，一些画家签约后可能会绕过画廊，直接与买家或收藏机构私下交易。也有一些画家在被画廊运作有所起色后，绕过画廊直接送作品到拍卖行。当代理关系名存实亡之后，本应该属于画廊的利润空间，会被多方瓜分。

本土画廊运作能力和运作资金的不足，以及代理契约的失效，使它难以掌握关键性资源，无法实现经营的"完全垄断"。所以，"代理制"虽然被公认为当

今世界最合理、最高级的画廊模式,但在中国普及还需要很多时日。

相关资料链接:
1 朱琰《论当代中国画廊业的发展》《艺术百家》2006－07
2 崔凯旋《中国画廊的自然与流变》《中国美术馆》2007－03
3 雨木《代理制:中国画廊的必由之路》《中国文化报》2006－09－29
4 郑鑫尧《尴尬的中国画廊业》《文汇报》2006－02－28
5 侯虹斌《中国画廊业:如果亚洲还有一个市场那就是中国》《南方都市报》2005－05－23
6 胡劲华《中国当代艺术品流失背后》《财经时报》2006－04－10

☆延伸阅读:画廊捧红画家难赚钱

"不解决信用问题,画廊代理制在中国就搞不起来……"云南翰荣轩拍卖有限公司董事长罗焕新语出惊人。他是国内从事画廊代理制的先驱,早在1992年就在国内率先搞起了画廊代理制,偏偏是这样一个人,却对目前国内刚刚兴起的画廊代理制心存疑惑。

罗焕新从1984年就开始从事艺术品收藏,1992年,为了让云南本地的中青年画家安心搞创作,他在国内首尝画廊代理制,一次性签约6名中青年书画家。在为期三年的合同上,双方明确,这些画家每年各向罗焕新提供100幅作品,而画家们将得到5万元/人/年的报酬,此外,罗焕新还负责对这批画家进行包装、炒作,每年投入资金高达数十万元。

"搞画廊风险很大,长远回报也比较小。"罗焕新通过自己的经历发现,虽然经他手捧红了不少画家,但他自己却没从中赚到什么钱。"包装一个画家成本相当高",罗焕新告诉记者,包装画家的花费主要有以下几部分:一是举办画展、出画册,二是到各省级城市的展览馆布展、宣传;另外还要请资深评论家在专业媒体对作品进行评论,一年下来,包装一个画家的花费少说也要50万元,而这还不包括画家的薪水……

罗焕新认为,经营者面临的最大风险是画家的信用水平,主要表现为画家不遵守代理合同,而这也使得画廊代理制这一国际成熟的艺术品运作模式,在中国遭遇水土不服。

罗焕新告诉记者,经他花大力气宣传推荐后,一些画家逐渐被人所认识,其作品价格也开始上扬。但随着价格的提升,画廊向这些画家购进作品却再也难拿到他们的作品了,或者勉强拿到也不是好的作品,如果想要拿到则要按照市价购买。而好的作品,画家就私下销售了。罗焕新告诉记者,在国外,画廊代理制之所以可行,是因为双方都很重视信用、合同,比如,在合同期内,画家除向画廊供应作品外,其余创作的作品都应该销毁。反观国内,画家给画廊的不一定是最好的作品,而且,还有大量的作品流向市场,对画廊的运作冲击很大……

(摘自许鹏,刘锋《书画大鳄心痛画廊代理制不火》《成都商报》2006-06-09)

31

画廊经营，为什么存在"价格歧视"

☆ 认识误区之31："画廊对所有顾客都明码实价"
☆ 投资必备要诀：利用画廊的价格歧视，使自己获得较低的买入价。
☆ 阅读关键词汇：市场公定价·折扣价·结缘价·割爱价·价格歧视

许多艺术品的交易价格，都有很大的浮动性，在画廊里尤其如此。

对于绘画作品的价格，有一种比较流行的说法是"市场公定价"。所谓"市场公定价"，是指综合某位画家作品在拍卖会、画廊、私下交易的价格。判断出的平均价位，是所谓比较公允的合理行情。不过，艺术品毕竟与普通商品不同，它极富个性，同一位画家的不同作品会有很大差异。所以，在画廊的定价中，"市场公定价"大多只有参考意义，甚至只是摆设。

表面上看，画廊经营中的定价非常直观。

通常，画廊在为某位画家举办个展或在日常展售时，会在作品下角标明定价。但在很多时候，看起来相似的作品，定价可能有不小差距。经营者对此通常的解释是：某件作品是精品，所以价格贵；而另一件一般，所以价格平常。然而，对于许多画家而言，所有作品都像自己的孩子，亲疏优劣其实并不非常明显。所以，"精品高价"的说法不完全靠谱。而且，画廊的定价并不代表成交价，实际交易中还有很大的议价余地。

著名台湾画商陆洁民介绍过3种很有意思的价格：折扣价、结缘价、割爱价。

所谓"折扣价"，是对VIP客户或者有良好关系的客户在定价基础上的打折。所谓"结缘价",是在知名艺术家沉寂多年后复出,或者在新秀刚刚出道时,画廊给某些客户比"折扣价"还低的价格,用以表示结缘。所谓"割爱价",是当画家作品供不应求时,画廊为执意购买的客户开出的价格,通常比市场公定价高出许多。

这种为不同买家开出不同价格的现象,在经济学中称作"价格歧视"。

这里的"价格歧视"并无贬义,专指厂商在出售同种商品时,向不同购买者索取不同价格的定价策略。"价格歧视"是垄断企业的垄断定价行为,通过差别价格,企业可以获取更多的垄断利润。存在"价格歧视"的原因有三:第一,市场不存在竞争,购买者的信息不畅通。第二,不同购买者的"需求价格弹性"不同,需求价格弹性高者,其需求对价格反应敏感,反之则反应迟钝。第三,厂商有能力针对具有不同"需求价格弹性"的购买者制定不同的价格。

代理制画廊完全具备上述条件。

首先,由于画廊与画家签约,全权代理画家的部分、甚至全部作品的市场运作,形成了对画家作品的部分或全部垄断。对于代理费用和创作等细节,如果画廊和画家均不愿意公开,外界无据可考。其次,艺术品购买者的购买行为并非刚性需要,到画廊购买画作或用于消费、或用于收藏、或用于投资,其需求价格弹性差别很大。

最重要的是,画廊能够区分具有不同需求价格弹性的购买者,分别定价:

"结缘价"的受惠者多是忠实的艺术爱好者。他们热爱艺术、但经济未必很宽裕,其需求价格弹性较高,低价格对他们很有吸引力。通过洽谈,画廊会很快了解他们对艺术的热爱程度和经济状况。"结缘价"虽然让画廊损失了一些利润,但因为这部分购买者对作品倍加珍视,会长期收藏,便于扩大画家的收藏底盘。

"折扣价"多面向VIP客户,这部分人是画廊最稳定的客源,其经济实力雄厚、收藏行为理性,对艺术和市场行情都有很深的了解。享受"折扣价"的VIP客户,其资格由每年的购买量获得。通常,跟画廊越熟的VIP客户,得到的折扣率越高,但双方默认的潜规则是:价格"可议不可杀"。通过扩大销量和适中的价位,画廊在VIP客户那里仍然有利可图。

"割爱价"使画廊获利最大。当画家已经成名、或在拍卖场上表现极佳时,蜂拥的购买者多为投资需要,其需求价格弹性极低,他们求画廊"割爱",自然会接受不菲的价格。另一些情形更为有趣,有些购买者出于"雅贿"或其他特殊需求,会对某位画家或某些题材情有独钟,此时画廊以割爱为名漫天要价,结

果是"一个愿打一个愿挨",皆大欢喜。

当然,保证"价格歧视"的持续,还有另一个重要条件:厂商必须阻止不同购买者之间的转卖行为。所有的代理制都希望买家长久持有作品,而不是急于拿到拍卖行,正是这个原因。

相关资料链接:
1 陆洁民《如何在画廊中选购作品》《画廊》2009-07
2 陆洁民《画廊是如何给艺术家定价的》《画廊》2009-05

☆延伸阅读:画廊"四价值"理论

房方1977年生于北京,2000年毕业于中央美术学院美术史系,5年央视艺术记者从业经验,曾创办过两个广告公司,携掌握的行业内部资源和创业经验,于2005年成立北京星空间艺术中心。2005年策划"下一站:卡通吗?"当代绘画展;2006年策划"坏孩子的天空——七零后的问题青年"当代艺术展等。

房方认为,他的成功有赖于自创的"四价值"理论:

发现价值:这是第一步,即不断寻找最好的艺术家。每年他都会收到近300名艺术家寄来的资料,通过不断地寻访,见面谈,每年真正能签约的新艺术家也就两三人。"超女快男有海选,艺术家的海选也非常残酷。"这一步需要投资者具有良好的艺术素养,真正热爱并理解艺术,而非投机艺术。

增加价值:这是针对艺术家进行的,比如为艺术家的生活提供保障,让他们能安心创作,介绍各种优秀展览、作品给艺术家等等,"也许会开家为艺术家服务的按摩院"。画家在房方看来,不是自己的"签约艺人",而是自己的服务对象。这一切,都是为了让艺术家们能在现有的最好条件下,尽最大可能"生产"出最好的作品。

叙述价值:非常重要的步骤。通过展览陈列、出版发行、媒介宣传等各种方式,"吆喝得响亮",这一步骤是可以复制的经验。因为越来越多的画廊开始做自己的书和出版物、重视各大展览、喜欢和媒体合作来推广和推销。

兑现价值:水到渠成的最后一步骤,"兑现"讲究的是对艺术品风格所对应的消费群体的精准定位等。

(摘自潘波《经营画廊助力"70后"艺术家升值》《新京报》2008-03-03)

第四章 看穿艺术营销秘密

"新锐"画家，为什么被画廊看好

☆ 认识误区之32："画廊经营不同类型的画家，获利无异"
☆ 投资必备要诀：新锐画家的特质，更值得投资者关注并去挖掘。
☆ 阅读关键词汇：夏俊娜·新锐·伍劲·消费者剩余·低成本

有眼光的画廊，都非常乐意经营新锐画家。顾名思义，新锐画家第一要"新"、第二要"锐"。所谓"新"是鲜为人知，要"养在深闺人未识"或者顶多"小荷才露尖尖角"。所谓"锐"，是具备打破陈规的实力，将来有可能一鸣惊人、一飞冲天。

著名的女油画家夏俊娜，便是被本土画廊成功经营的一例典型"新锐"。

夏俊娜生于1971年，她1995年毕业于中央美院时，只是想按部就班地找个工作。对于二十几岁女孩而言，生存都显得困难，想在艺术上做出成绩更难。她不仅人新，画更新。因为自己的作品太与众不同，她毕业之初极不自信，别人来看画时，她恨不得拿东西把画遮起来。

当时担任中央电视台《美术星空》栏目记者的伍劲，发现了夏俊娜的"锐"。

在中央美院的毕业展上，伍劲第一次看到夏俊娜的《青春组曲》。那一瞬间，他几乎怀疑自己对绘画的认识是否需要重来，他震惊于一个本科毕业生怎么可能做得如此完美。伍劲的眼光是犀利的，几年后，越来越多的人发现夏俊娜的确是天才。2000年，在中国美术馆举办的"20世纪中国油画展"上，夏俊娜是参展画家中年龄最小的一位，"从李铁夫到夏俊娜"也成为中国百年油画的概

括语。

伍劲不仅善于发现,还善于行动。他是夏俊娜进军艺术市场的最早推动者。

1995年,伍劲拿出了他能够支配的所有资金——1万元钱,开始了对夏俊娜的代理。第二年,夏俊娜作品打开了市场,伍劲的投资赚了3倍。1997年,伍劲和林松合作组建"春夏翰墨画廊",夏俊娜是该画廊的金牌画家,她的作品出售收入是维持画廊运营的重要资金来源。该画廊名号中的"夏"字,正是伍劲刻意选取的夏俊娜的姓。此时,夏俊娜的有些作品价格已经涨了5倍。再过10年之后,夏俊娜的一幅作品价格达到了50万元,整整翻了100倍。对夏俊娜作品的果断投资,让伍劲掘得了第一桶金。

除了夏俊娜之外,伍劲还是整个"70后"新锐画家的最主要推手。

伍劲认为,出生于1970年代的新一代画家,风格正在形成,他们表现出迥异于以往的艺术特质。而在1997年,"70后"画家代表尹朝阳,正穷困潦倒。伍劲很快和他签署合约,约定两年内以1万元一幅买进其作品。当时的"春夏翰墨画廊"群英荟萃,旗下囊括了一大批"70后"画家。接着,伍劲开始了不遗余力的推介工作。1999年,他策划了"新锐的目光:1970年前后出生的一代";2004年,他又策划了"少年心气:中国新锐绘画奖作品展"。他推出的毛焰、季大纯、何森、钟飙、陈余、章剑等,不久都成为艺术市场上赫赫有名的人物。

画廊推举新锐画家,好处何在呢?

会带来大量的"消费者剩余"。经济学中的"消费者剩余",是指买者的"支付意愿"减去其实际支付货币量的节余。这里的"支付意愿",指买者愿意为某种商品支付的最高货币量,是买者对该商品的价值判断。当售价高于此价格时,买者会拒绝购买,而售价比此价格越低,买者会觉得越值。画廊在经营新锐画家时,因为画家很"新",其作品尚未得到广泛认可,所以画廊所支付的代理费用会非常低。但同时因为这些画家很"锐",有眼光的画廊会预见到他们的未来市场潜力,所以他们的"支付意愿"要远远大于实际的支付费用。这二者之间,画廊得到了相当可观的"消费者剩余"。

画廊所获得的利益,有时还不止于此。

因为新锐画家之"新"之"锐",他们后来所实现的市场价格,可能比画廊当初的"支付意愿"还要高出很多。由于"春夏翰墨画廊"、"上海艺博画廊"、"环碧堂画廊"的接力推介,夏俊娜的超凡实力不断得到证明,她逐渐成为中国艺术市场上最耀眼的女明星。截至2011年10月初,其作品拍卖已成交182件,总成交额6 142万元。在中国油画家拍卖总成交额排行榜上,她位居第48位,在女画家中仅次于潘玉良。这种行情,大概连伍劲在16年前也始料未及。

画廊经营新锐与经营已成名的"老"画家相比,可谓成本极低、利润极高。当然,眼光是一个绝不可少的前提。

表32-1 夏俊娜作品拍卖价格前10位 (数据来源:雅昌艺术网2011-10-12)

序号	名 称	估 价	成交价(元人民币)	拍卖公司	拍卖日期
1	2002年作《唐宋人间》	250万~350万元人民币	6 380 000	上海崇源	2006-08-13
2	1995年作《秋》	90万~100万元人民币	1 680 000	北京保利	2010-12-01
3	2005年作《望海潮》	108万~110万元人民币	1 320 000	诚铭国际	2007-11-18
4	1997年作《城市边缘》	40万~60万元人民币	1 207 500	上海天衡	2011-06-28
5	2005年作《猗栏操》	80万~100万元人民币	1 108 800	北京荣宝	2007-12-09
6	1995年作《秋》	60万~80万元人民币	902 000	北京保利	2006-11-21
7	2004年作《流霞图》	7.62万~10.67万美元	809 257	罗芙奥	2007-06-03
8	2005年作《东篱赋》	40万~60万元人民币	803 000	北京翰海	2005-12-11
9	1997年作《故乡之晨》	6.06万~9.08万美元	771 198	罗芙奥	2007-12-02
10	1997年作《小木偶》	60万~70万元人民币	748 000	北京保利	2006-06-04

相关资料链接:

1 张苑《夏俊娜的十年市场成长路》《艺术市场》2005-01
2 伍劲《她的旅程》《夏俊娜——生命的丰年》浙江人民美术出版社2003年版
3 韩捷等《关于伍劲》艺术乌托邦网2010-03-26

☆延伸阅读:"80后"画家

进入2008年,有业内人士半戏谑半认真地将自己QQ的个性签名改作"08就看80后";而"80后画家群"的市场表现也或多或少满足了人们的心理期待。5月10日,27岁的高瑀以一件《打虎》再次刷新亚洲同龄人中的单品拍卖纪录,同时也成为国内"百万艺术家"中最年轻的一位;欧阳春、罗丹等同样为市场所看好,以"年产值"而论,已经跻身中国艺术家的"百万俱乐部";还有一批新锐艺术家,其作品连展览都没参加过,直接就被拿到市场上来,没有别的理由,只因为他们是"80后"。

自从"70后新生代"的提法问世,业界好像开始热衷于用描述性定义打造一些似是而非的概念。"卡通一代"、"后新生代"、"新卡通一代"、"果冻时代"、"独生一代",形形色色的提法无一不把热议的焦点瞄准"80后";但凡此种种,却也无一

能够完整准确地揭示这代人的集体表征,描述性定义只是徒增混淆而已。一番纷扰之后,只能回归"80"这个断代标准。

对于市场把他包装成"80后艺术家","80后"代表人物之一的高瑀并没有照单全收:"俗话说'五年一代',和接受信息有关,我们80年代生人肯定有相同之处;但按年代划分,那是因为找不到更科学、更准确的办法,方便经营者把我们这些新股票打包上市。"

其实,单就艺术的整体风貌而言,"80后"与"70后"并没有显著的代际区隔;不过,出生在改革开放之后的高瑀一代,其艺术生涯,差不多与中国的艺术市场同步启动。他们在艺术理想与审美理念锻造成型的关键时期,无一例外地遭受了经济大潮的冲击。在迈入艺术殿堂的同时也感受到将他们从中抽离的力量,在艺术与市场的博弈中寻求一种微妙的平衡并使之成为生活的常态,是他们的所有前辈没有遇到过的新情况。艺评人钟忧一语中的:"'80后',与其说是社会或者生理范畴,不如说是市场范畴。""他们是与市场共舞的一代。"

(摘自《"80后画家":处于艺术、市场之间》《四川美术网》2008–08–14)

第五章 把握艺术品投资前景

（清）雍正柠檬黄地洋彩浮雕花鸟宝瓶纹六方瓶 2009年11月23日在北京保利以6 776万元成交

第五章　把握艺术品投资前景

艺术品成为"真正的资产",为什么很难

☆ 认识误区之33:"艺术品的增值率都很大"
☆ 投资必备要诀:只有"实际增值率"较高的艺术品,才值得投资。
☆ 阅读关键词汇:资产・名义增值率・通胀・实际增值率

在全球性通胀的背景之下,资产的保值成为全民话题,资产增值更成为全民的美梦。在经济学中,依据存在形态不同,把资产划分为实物资产和金融资产,前者包括房产、汽车、珠宝等,后者包括存款、债券、股票等。投资者将资金转换为某种资产,是着眼于其未来收益的最大化,增值率越高者越容易被优先选择。

近年艺术品成为热门投资品种,便是由于投资者看中了它的高增值率。

有专家测算,艺术品的年均增值率为30%,最高可达180%以上。在很多个案中,艺术品的价格涨幅确实高得惊人。夏叶子在《艺术品投资学》一书中述及:王习三的鼻烟壶在1950年代仅值0.5元,至1995年,它在"香港苏富比"以26万港元成交。而李可染的中国画《万山红遍层林尽染》1980年代初在香港的首次交易价,折合人民币仅3 000余元,至2000年,它在"北京荣宝"的成交价506万元,20年间升值达1 600余倍。

所有艺术品都会有如此高的增值率吗?

未必,且以油画大家赵无极和国画大家齐白石为例。二者均具有稳定的市场行情,目前分别在"油画总成交额排名"和"近现代国画总成交额排名"中高居首位。笔者依据"雅昌艺术网"数据合算:2000年,赵无极和齐白石作品的

单件均价为 63 万元、16 万元，至 2010 年，二者作品的单件均价为 653 万元、226 万元。10 年间，它们平均增值 10.4 倍、14.1 倍，年均增值率仅为 26.4%、30.3%（详见表 33-1）。假如扣除期间的保管费和交易费，该数值还要打一些折扣（每经上拍一次，就会产生约 20% 的佣金等费用）。

即便这年均 26.4%、30.3% 的增值率，也非实际增值率，因为没有考虑通胀因素。

经济学认为，用货币体现的资产增值率只是"名义增值率"，只有在减去通胀率之后，才是"实际增值率"。对于"通胀"，人们并不陌生，它通常表现为货币购买力持续下降、物价普遍上涨。在根本上，发生"通胀"的原因是由于纸币供给大于货币实际需求，从而导致了纸币贬值。很多国家用"消费者价格指数"CPI 表示通胀水平。在国内，官方也通常将 CPI 数据默认为通胀率。据国家统计局数据，2000~2010 年，国内的 CPI 为 0.4%、0.7%、-0.8%、1.2%、3.9%、1.8%、1.5%、4.8%、5.9%、-0.7%。如果单纯与该数据相比，赵无极和齐白石作品的年增值率倒是算得上丰厚。

不过，人们感受到的总体物价上涨程度（实际是纸币的贬值程度），远远高于 CPI。

估计真正的通胀水平，可以参考几种商品的价格涨幅。首先是粮食，因为"民以食为天"，粮食是最基本的生活必需品。从国家统计局公布的资料看，2002~2010 年 8 年间的粮价上涨 1.60 倍，年均 5.4%，是 2000~2010 年 CPI 年均涨幅的近 3 倍（详见表 33-2）。此外，被国人称作"新三座大山"的住宅、教育、医疗，在家庭支出中占有更大的比重，三者价格的上涨人们体会尤深，其幅度比粮价又要高出许多，CPI 在表达通胀上是有明显缺陷的。

其实，更容易量化真实通胀程度的是黄金价格。

黄金因为自身的珍稀属性而充当过天然的货币。历史上，许多国家曾确立过金本位制度，也让它成为国际"硬通货"。在 20 世纪中叶的"布雷顿森林体系"中，美元作为世界货币与黄金挂钩。如今，黄金虽然不再具有货币职能，但仍然被当作国家的重要金融储备，也是个人财产的重要保值手段。尽管造成金价短期波动的因素包括工业需求、国际汇率、股价等，但从长期看，影响金价的根本原因是纸币的贬值或升值（即通胀或通缩）。

假如将金价涨幅看作货币的实际通胀，那么，艺术品的增值率会大大缩水。

据"纸黄金交易通网"显示的黄金伦敦定价，2000 年为 279 美元/盎司（约合人民币 82 元/克），2010 年为 1 225 美元/盎司（约合人民币 292 元/克），10

年间上涨4.4倍（或3.6倍）（详见表33-3）。对照国民最为关心的房价和工资，三者涨幅确实大致相当。如果将赵无极和齐白石作品10年间增值的10.4倍、14.1倍，扣除4倍的通胀，其实际增值便仅为2.6倍、3.5倍，年均实际增值率仅为10.0%、13.3%。

并且，这个不算很高的实际增值率，还是两位画家很多件作品的平均值。

在赵无极的个案中，若以2000年均价63万元为基点，至2010年，扣除4倍的通胀后，只有成交价在252万元以上才算真正增值。但实际上，2010年赵无极的79件成交作品中，只有42件超过252万元，占成交量的53.2%。在齐白石的个案中，若以2000年均价16万元为基点，至2010年，扣除4倍的通胀后，只有成交价在64万元以上才算真正增值。但实际上，2010年齐白石889件成交作品中，只有576件超过64万元，占成交量的64.8%。如果再扣除保管费和交易费等，真正增值的藏品的比例还要下降。

表33-1　赵无极、齐白石2000~2010年作品拍卖均价比照
（金额单位：万元人民币；数据来源：雅昌艺术网2011-3-1）

年份	2000	2001	2002	2003	2004	2005	2006	2007	2008	2009	2010	年均涨幅
赵无极	63	68	81	336	244	350	629	767	506	642	653	26.4%
齐白石	16	16	18	37	39	79	52	60	56	103	226	30.3%

表33-2　2000~2010年国内CPI及粮食价格涨幅（数据来源：国家统计局2011-3-1）

年份	2000	2001	2002	2003	2004	2005	2006	2007	2008	2009	2010	平均
国内粮食价格涨幅	—	—	-3.9%	-1.7%	20.7%	6.7%	-1.4%	7.3%	11.4%	-1.6%	11.5%	5.4%
国内CPI涨幅	0.4%	0.7%	-0.8%	1.2%	3.9%	1.8%	1.5%	4.8%	5.9%	-0.7%	3.3%	2.0%

表33-3　2000~2010年国际黄金价格及涨幅（单位：美元/盎司；数据来源：纸黄金交易通网2011-3-1）

年份	2000	2001	2002	2003	2004	2005	2006	2007	2008	2009	2010	平均
价格	279	272	310	364	410	445	603	695	872	904	1225	579.91
涨幅	—	-2.5%	14.0%	17.4%	12.6%	8.5%	35.5%	15.3%	25.5%	3.7%	35.5%	16.6%

不难看出，投资艺术品并非只盈不亏，差不多会喜忧各半。

那么，买艺术品完全不如买黄金了吗？当然也不是。就像"再牛的股市也有

人亏本，再熊的股市也有人获利"一样，在平均增值率有限的艺术品投资中，总有很多人远远跑赢了"平均值"。当然这需要眼光，这也是艺术品投资比炒房产、炒黄金更需要智慧之处。

相关资料链接：
1　夏叶子《艺术品投资学》水利水电出版社 2005 年版
2　王在全《一生的理财计划》北京大学出版社 2007 年版第 138 页

☆延伸阅读：金钱的时间价值

1 元钱是否永远能值 1 元？你猜得不错——1 元不是永远值 1 元。有时候 1 元只值 0.8 元，有时候又值 1.20 元。为什么会这样呢？因为金钱的价值一直在变化中，这有赖于投资时间的不同。是的，决定金钱精确价值的最重要的变量之一是时间。

如果有人欠你 1 元，你是希望他今天还你呢还是明天还？又是一个脑筋急转弯问题——答案是"今天"。通货膨胀在日益削弱金钱的购买力，1 年后的 1 元钱价值要略低于今天。"通货膨胀"是一个经济学词汇，指的是价格随着时间推移在逐渐上涨，最简单的衡量指标就是日渐为我们所熟悉的 CPI（消费者价格指数）。如果每年的 CPI 上涨幅度为 5%，这就意味着在今后 1 年内价格平均上涨 5%，也就意味着 1 年后你的 1 元钱的购买力比今天要低 5 分钱。通货膨胀率为 5% 时，今天的 1 元钱 1 年后只值 0.95 元。

但是，如果你今天存下 1 元用来投资。如果将这 1 元投资股票市场，而且你在一年内的投资回报率为 10%，那么年底时你就有 1.10 元。这样你的钱财就会增长而不是缩水，而且你也可以避免通货膨胀带来的不利影响。

（摘自"上海证券交易所投资者教育网·投资理念"http://www.sse.com.cn/sseportal/edu/edu_kt_tzln.shtml#3）

34

艺术品"份额化",为什么不是摇钱树

☆ 认识误区之34:"'艺术品股票'回报很丰厚"
☆ 投资必备要诀:份额化艺术品投资信息透明度小,风险巨大。
☆ 阅读关键词汇:艺术品交易所·高收益·次品市场·信息不对称

艺术品拍卖市场人声鼎沸,证券交易所同样人气不低。二者结合之后便出现了崭新的交易平台——文化艺术品交易所。

2009年9月成立的"天津文化艺术品交易所",是文交所中很有代表性的一类。"天津文交所"不同于稍早成立的"上海文交所"等综合性服务平台,它是国内首个以艺术品为主要投资交易对象的文交所,可发行上市书法、绘画、雕塑等9大类艺术品。"天津文交所"的突出特色,是开创了"份额化艺术品投资模式"。该模式与股票交易相似,交易所将艺术品等额拆分后发行,投资人可以通过申购持有艺术品的原始份额,再通过交易所的电子平台公开交易。

相对于传统型艺术品市场和证券市场,这种"艺术品股票"对中小投资者很有吸引力。

"艺术品股票"的吸引力之一,是它的低门槛。"天津文交所"起初设置的投资者开户资金仅为5万元。该所2011年1月12日首批发行的中国画《黄河咆哮》和《燕塞秋》,确定价值分别为600万元、500万元,在等额拆分后,每份申购价仅为1元。由此,普通人获得了投资高端艺术品的机会,动辄几十万甚至上千万元的艺术品,不再是富豪的专利。"艺术品股票"的引力之二,是艺术品的可靠性。艺术品在文交所上市前，会送交文物部门审批，再经过多家独立专业机构"双盲"鉴定，最后还要通过由金融、艺术品、法律专家组成的"上市审查委员会"审定。

"艺术品股票"最让投资者心动的，则是它的超高收益率。

据文化部"文化市场发展中心艺术品评估委员会"的鉴定评估，在"天津文交所"上市的《黄河咆哮》现市值800万~1 100万元，预期市值2 000万~3 500万元；《燕塞秋》现市值650万~900万元，预期市值1 700万~2 610万元。但二者仅仅在上市一个月之后，便分别涨至每份6.21元、5.75元，总市值分别为3 726万元、2 875万元。回报丰厚的艺术品股票，自然使"天津文交所"人气骤旺，也让其他投资品种黯然失色。

不过，许多资深业内人士对两只暴涨的"牛股"，疑虑重重。

艺术品市场理论家马健在2011年3月5日发表的《散户切忌追高疯狂股票》一文中，对"天津文交所"的两只"艺术品股票"提出多处疑点。他发现，两幅画作者白庚延其他作品的拍卖市场，逊色很多，几件超过百万元的成交纪录，都出现在艺术品股票上市前不久。马健猜测，"天津文交所"大牛行情背后，一定大有文章。果然，在两画于3月16日分别以17.16元和17.07元报收，市值高达10 296万元和8 535万元的当天，"天津文交所"点名警告了两个投资账户，称其采取大量且连续申报等方式，造成两画价格异常波动，扰乱了正常的交易秩序。次日"天津文交所"又发布公告称："鉴于近期艺术品市场交易情况，为降低投资风险、保护投资人利益"，对两画实行特别停牌。

上述大牛行情背后的"文章"，体现着市场信息的严重不对称。

经济学认为：经济活动中一些人比其他人拥有较多信息，造成了信息的不对称，从而产生交易不公平和市场效率降低。通常，卖家拥有信息更多，它可以人为地制造某些产品的高质量信号，用以获取巨额利润。而买家为了免受信息不对称的伤害，通常会采取"逆向选择"。1970年，经济学家阿克尔洛夫发表《柠檬市场：质量不确定和市场机制》一文指出：买家因为比卖家信息少，为减少风险损失只能压低价格，而过低的价格又使卖者不愿意提供高质品，最终导致市场上低质品充斥，交易逐渐萎缩。

阿克尔洛夫所称的"柠檬"在美语中意为"次品"，柠檬市场，即指信息不对称的"次品市场"。在中国的股市中，"郑百文"、"银广夏"等"柠檬"曾让股民信心大丧，股价大跌。而在"份额化艺术品投资"模式中，大多数涌入者都是艺术品投资的外行，他们对画作的估值缺乏信息和理性。"天津文交所"上市的白庚延本是名头一般的画家，但很多投资者并没有觉察到其作品价格跟徐悲鸿等大家并驾齐驱，存在着巨大的泡沫。投资者们也没有意识到，"天津文交所"这个总市值很小的盘子里，已经积累着巨大风险。

据悉至 2011 年初，国内文化产权交易所已达数十家，国家级的文交所也在筹建之中。"份额化艺术品投资"只成为摇钱树而非柠檬果，才是投资者和管理层的共同愿望。

相关资料链接：

1 编辑部《全国文化产权交易所逾十家，文化产权交易火热》《大公报》2011 – 03 – 31
2 陈杰《文化产权交易所竞争格局初步形成》《北京商报》2010 – 12 – 06
3 朱虹《天津市文化艺术品交易所开张，艺术品可按"份额"交易》《人民日报》2011 – 01 – 13
4 冀欣《艺术品股票 60 天暴涨 17 倍，5 万招行客户疯狂》《理财周报》2011 – 03 – 21
5 马健《散户切忌追高疯狂股票》《美术报》2011 – 03 – 05
6 吕波《黄河咆啸市值破亿，天津文交所停牌两艺术品股票》《每日经济新闻》2011 – 03 – 18
7 编辑部《国家级文化产权交易所近期将挂牌》《证券时报》2011 – 03 – 28

☆延伸阅读："艺术品股票"的申购

公告方式：通过交易客户端及指定媒体发布艺术品份额发售说明书。

申购方式：份额发售采取网上竞价申购的方式。投资人按照份额发售说明书中规定的价格区间及数量自由报价申购。投资人参与份额申购时，对于同一份额，每个份额账户仅限申购一次。

申购流程：

T 日：投资人于 T 日通过本所交易系统申购份额，申购订单不能撤销。

T + 2 日：交易所公告份额发售申购情况。

T + 3 日：交易所按价格优先原则由高到低依次排列投资人申报，有效申购数量小于或等于向投资人发售数量时，最低申报价为最终发售价格，高于或等于最终发售价格的申报全部中签；有效申购数量大于向投资人发售数量时，申报数量达到向投资人发售数量时对应的最低申报价为最终发售价格，高于最终发售价格的申报全部中签，最终发售价格对应的申报以摇号抽签的方式确定中签。申购中签者全部以最终发售价格成交。

T + 4 日：交易所公告艺术品份额发售申购结果，并解冻未中签申购资金及申购多余资金。

T+5日:交易所根据艺术品份额发售申购结果向投资人划拨份额,资金存管银行向艺术品持有人划拨资金。

T+10日:交易所发布艺术品份额上市交易公告,艺术品份额上市交易。

(摘自《天津文化艺术品交易所——交易规则概览》天津文化艺术品交易所网)

中国艺术品需求，为什么可能随时爆发

☆ 认识误区之35："中国艺术品的市场需求，取决于大众的消费意识"
☆ 投资必备要诀：时刻跟踪投资者的艺术品市场预期。
☆ 阅读关键词汇：马特利·荣宝斋·需求·预期

2009年5月30日，《广州日报》刊载《中国艺术品需求或在近年爆发》一文，援引了意大利投资者马特利对未来中国艺术市场的预期。

马特利曾在股票市场套利，也是房地产投资者，还是多年的艺术品收藏者。他认为，股票和房地产都是先盈后损，只有艺术品投资"稳赚不亏"。而对于中国艺术品市场，他的判断是：日渐积累的艺术品需求将会在近几年爆发。他的理由是，在中国艺术品市场、特别是油画市场，普通民众还没有消费艺术品的意识。

与马特利的判断相呼应，2009年初的北京中国画市场已经颇为兴旺。

2009年春节期间，国有老字号荣宝斋总店门前排起了几百米的长队，开门后，顾客蜂拥而入，挤得销售大堂水泄不通。最爆棚的一个场面是，总计90多件、价值3000多万元的书画，竟在短短3小时内卖光。为什么荣宝斋的中国画在金融寒冬中如此火暴？一种解释是：由于老百姓对本土文化有普遍认同，无论是高端市场还是大众市场，其消费基础都比较雄厚。

不论是马特利的猜想，还是荣宝斋的爆棚，对于中国艺术市场当然都是大好事。这些想象中和现实中的旺盛需求到底来自何处？

答案自然要从什么是"需求"说起。在经济学中,需求是指在某一特定时期内,人们愿意、而且能够购买某种商品的数量。影响需求的因素很复杂,最重要的有商品价格、消费者收入、消费者偏好、替代效应、互补效应、预期6项。在通常情况下:(1)当商品价格下跌时,需求增加;当商品价格上涨时,需求减少。(2)当消费者收入增高时,需求增加;当消费者收入减少时,需求减少。(3)当消费者对商品的偏好加大时,需求增加;当消费者对商品的偏好减少时,需求减少。(4)当某种商品的替代品价格上涨时,其需求增加;当某种商品的替代品价格下跌时,需求减少。(5)当某种商品的互补品需求增加时,其需求增加;当某种商品的互补品需求减少时,需求减少。(6)当消费者预期未来价格上涨时,需求增加;当消费者预期未来价格下跌时,需求减少。

那么,"马特利猜想"和"荣宝斋爆棚"与哪些影响需求的因素有关呢?

很显然,与前5项关系不大。因为在未来几年的中国油画市场,并没有价格大幅下跌的趋势,也没有消费者收入大幅增加的可能,消费者偏好、替代效应、互补效应的显著变化更无从谈起。同样,在近来的中国画市场,价格并未发生大幅下跌,也没发生消费者收入的大幅增加,更没有消费者偏好、替代效应、互补效应的显著变化。

导致"马特利猜想"和"荣宝斋爆棚"的重要原因,只有预期。

有多年股票操盘经验的马特利认为:完全可以把证券市场的组成结构与艺术品市场对应起来,它们的规律基本吻合,对个股和画家个体的操作手法基本雷同。可见,马特利前面所说的民众艺术品消费意识,多半是指与股市类似的"艺术品投资意识"。而他本人几年前就到广州购买中国本土原创油画,也是因为他觉得当时油画价格普遍偏低、未来获利机会最大的缘故。对于"荣宝斋爆棚",另一位业内人士的分析更为实在:"从投资角度看,艺术品实质上是基于购买者普遍价值认同的商品,升值空间很大、值得投资。"

这种对艺术市场的预期,真的可以影响到需求吗?答案是肯定的。

在人类社会的许多领域,预期都有"自我实现的功能"。比如,甲国怀疑乙国是敌国,便扩军防范,由此引起了乙国不安,并随之备战。于是,两国真的成为敌国。在经济领域,预期的自我实现更为常见。比如,股民普遍预期某只股票会上涨,便大量买入,于是该只股票果然价格上扬。再比如,储户普遍预期某家银行会倒闭,便疯狂提取存款,于是该家银行果然因为挤兑而倒闭。实际上,中国高端艺术品市场在近年的价格飞涨,在很大程度上就是由于预期所导致。

既然"荣宝斋爆棚"已经在人们的良好预期下实现,那么,只要人们对艺术品市场"看涨"的预期继续坚持,"马特利猜想"的应验也是随时可能的事。

相关资料链接:
1 编辑部《中国艺术品需求或在近年爆发》《广州日报》2009-05-30
2 周宁,万一文《荣宝斋为什么这么"火"?》《经济参考报》2009-02-09

☆延伸阅读:荣宝斋

荣宝斋位于著名的北京琉璃厂西街,其前身为松竹斋,清光绪二十年(1894)始名荣宝斋,历来是书画界人士汇集、交流和乐于往来的场所。

荣宝斋的木版水印技艺久已闻名海内外,其制作工场的师傅们均为艺林楚翘,这是当今任何印刷方法都无可与之相比的。木版水印技艺在中国有着悠久的历史传统。早在唐代咸通九年(868),有一名叫王阶的人便使用此技术刻《金刚经》扉页插图,现尚流传于世。唐以来书籍多附插图,十六世纪始有彩色套印。近数十年来,荣宝斋在这一传统技艺基础上不断加以改进创新,获得新的发展,现不仅可以印制诗签小品,而且能印制工艺复杂的绢本绘画和巨幅长卷,几可乱真。荣宝斋用木板水印法制作过的《七十二候诗笺》、《二十四节令封套》等,鲁迅、郑振铎先生见后曾称它为琉璃厂诸笺肆中之"白眉"(杰出)。

目前,荣宝斋汇集了大量古今书画家的真迹或木版水印书画,供应文房四宝,提供装裱、加工修复等服务,为书画家们的创作提供了便利,为繁荣书画艺术市场、增进国际文化交流作出了重要的贡献。当年,就连齐白石老先生面对荣宝斋复制的自己的作品,也难辨真伪。

(摘自中国网-民风民俗 2007-08-01)

36

用4000万双新鞋换1只旧瓷瓶，为什么划算

☆ 认识误区之36："赴海外的艺术品抢购者都是'烧包'"
☆ 投资必备要诀：中国富豪级艺术品买家的投资逻辑，完全与大众不同。
☆ 阅读关键词汇：乾隆粉彩镂空瓶·瓷器爱国主义·国际贸易·成本优势·炫耀消费

在2010年11月11日英国伦敦的一次拍卖会上，一只估价80万至120万英镑的清乾隆粉彩镂空瓷瓶，以5160万英镑（约合人民币5.5亿元）成交。它刷新了当年6月黄庭坚书法《砥柱铭》创下的4.4亿元纪录，成为全球最贵的中国艺术品。这只40厘米高的"新贵"免不得引起行内的瞩目，同时引起中英两国民众热议的，则是买主的意图。

据传，买主是中国人，他的竞买动机是"瓷器爱国主义"。

英国媒体称，竞拍者在30分钟之内将价格推高到4300万英镑，让拍卖行和委托方狂喜不已，以至于拍卖师激动得几乎敲坏了木槌。在竞拍冲刺阶段，剩下的都是中国大陆商人，他们以每次100万英镑加价。最后的竞得者来自北京。英国《金融时报》对此评论道：天价花瓶背后是中国人的"瓷器爱国主义"，如今，一些中国富人正带着爱国主义情结，急切地想买回本国的文化遗产。

被洋人热心赞誉的"瓷器爱国主义"，却很给国人心里添堵。

添堵的原因有三：其一，多数国人认为，该瓷瓶是在"火烧圆明园"期间流失到英国，依照多个国际公约，中国有权将它索回，如果拿巨款赎购无异于再次被掠。其二，国内富豪将成交价拉升至估价的近40倍，这不仅会刺激国内文

物被私掘、盗卖和走私，也会刺激海外卖家哄抬中国文物价格，给流失文物的回流增加难度。其三，救穷济困的慈善事业更能体现爱国主义，花5亿元巨款买一个瓶子，不如捐款去解决2 500万贫困农民的新型合作医疗费用。

这里无法考证中国买家是否具有"爱国主义"，但从经济学的角度看，这肯定是一单数额不小的国际贸易。

所谓"国际贸易"，是指国际间的商品和劳务交换，它有进口和出口之别。据英国"海关与消费税局"统计，2009年中英贸易额为515亿美元。其中，中国自英国进口80.2亿美元，中国向英国出口434.8亿美元。中方贸易顺差为354.6亿美元。在英国从中国进口的商品中，纺织品及原料、家具玩具、鞋靴伞等轻工产品、皮革制品及箱包占不小份额，中国是英国该四类商品的最大来源地，分别占其进口总额的30.5%、42.4%、35.7%、43.9%。

产生国际贸易的基础，是产品的"成本优势"。

英国古典经济学家亚当·斯密认为：不同国家因为资源禀赋不同，生产不同产品的成本各异。如果每个国家专门生产自己最擅长的产品，然后相互交换，各自都能获得更大的利益。这便是经济学中的"绝对优势理论"。显然，各国都会选择生产成本低的商品出口，以便在国际市场具有价格优势。中国向英国大量出口鞋靴等，便是如此。服装鞋类是典型的劳动密集型产品，与英国相比，中国劳动力成本很低。加之中国还没有形成世界级的服装鞋类品牌，所以出口价格相当便宜。例如据宁波海关统计，2009年该市出口鞋靴2.1亿双，总价值仅4.3亿美元，每双仅合2.05美元。

如果将拍得乾隆粉彩瓶的5 160万英镑折合成时价8 000余万美元，相当于4 000余万双出口鞋子的总值。

用4 000多万双新鞋换回1只旧瓷瓶，划不划算呢？对于那些生产鞋子的普通工人而言，当然不值。据国家统计局资料，2008年城镇纺织服装、鞋、帽制造业人员的平均劳动报酬为18 711元，算来，买瓷瓶的5.5亿元相当于29 000余名工人辛苦一年的全部收入。瓶子的竞买者被国人看成"烧包"、骂作"败家子"，原因正在于此。

不过，那位买家毕竟不是工人。

一掷千金的富豪们，算盘另有打法。相对于国内，这件看似价格不菲的瓷瓶，上面的附加值更大。在英国的一片爱国主义赞誉声中，中国买家实现了一次隆重的"炫耀性消费"。据2010年上半年中国社科院发布的《商业蓝皮书》显示，中国已成为世界第二大奢侈品消费国，并将在5年后跃居首位。在富人们的跟风性炫耀消

费逻辑里,天价艺术品可能以同样的爱国主义名义,转售给其他中国富人,卖得更高的价钱。最起码,中国瓷器价王的出现,已被看做当年国内秋拍发力的先兆,有人判断,古代瓷器和工艺品将成为继古代书画之后的又一疯涨板块。

当然,那顶在国内不大容易获得的"爱国主义"桂冠,英国人基本没花多少成本,这同样符合国际贸易的"成本优势"原理。假如这次并不是中国买家的蓄意破坏行为,那么,当许多人愤愤不解的时候,中国买家和英国卖家肯定都在打量着瓶子说:真值!

相关资料链接:

1 李健亚《乾隆粉彩镂空瓷瓶在英拍出5.5亿人民币天价》《新京报》2010-11-13
2 杜安娜,张莹《买家5.5亿天价拍瓷瓶,专家称可能是"做局"》《广州日报》2010-11-17
3 王玉初《"瓷器爱国主义",小心有诈》《深圳特区报》2010-11-15
4 陶短房《洋人才是"瓷器爱国主义"的受益者》《新快报》2010-11-15
5 燕农《"瓷器爱国主义"只关瓷器无关爱国》《深圳晚报》2010-11-15
6 曹林《臆想和夸大的"瓷器爱国主义"》《重庆晨报》2010-11-15

☆延伸阅读:清乾隆粉彩镂空瓷瓶

2010年11月,54岁的约翰逊在父母的老房子里打扫时,无意中发现了已在家中收藏数十年的一只中国瓷瓶。他将其拿到当地名不见经传的班布里奇拍卖行,经拍卖师鉴定为18世纪初期清朝乾隆年间的粉彩镂空瓷瓶。在当月的拍卖会上,这只瓷瓶以5 300万英镑的天价成交,加上佣金和增值税,瓷瓶身价折合人民币约5.5亿元,超过估价36倍,创出亚洲艺术品新的世界纪录。

时隔4个多月,约翰逊对媒体透露:至今尚未收到买家一分钱。他专门和买家见了一次面,商谈此事。据他讲,买家是中国上海的一位企业家。但是他没有透露与买家会谈的细节,也没有说明4个多月过去了,买家尚未付款的原因。

英国媒体猜测,这也许又是一次蓄意破坏导致的流拍行动。此前在拍卖中国圆明园铜兽首的时候,曾出现过买家拍下后不付款的情况。但是班布里奇拍卖行却并不认为乾隆花瓶的拍卖也有人蓄意破坏。如果约翰逊先生不能从买家手中拿到钱的话,那么这就意味着天价瓷瓶可能会重新成为拍卖品。

(摘自张乐《天价乾隆瓷瓶中国买家未付款》《新京报》2011-04-04)

37

当代画家的作品资源，为什么要适时开采

☆ 认识误区之37："当代画家的作品资源可以随时开采"
☆ 投资必备要诀：对当代艺术要敢于取舍，并懂得何时取舍。
☆ 阅读关键词汇：非再生资源·方力钧·张晓刚·利率

　　每位画家的作品数量都是有限的，即便在世画家，其作品也属于"非再生资源"。

　　在经济学中，把资源分为两大类：可再生资源和非再生资源。可再生资源具有"自我繁殖能力"，例如森林、太阳能等；非再生资源不具备"自我繁殖能力"，例如石油、煤炭等。再多产的画家，一生所作仍然有限，比如，享年93岁的齐白石生前笔耕不辍，作品总量也不过1万余件。每位画家的精品力作更屈指可数，一旦让它们流入市场，画家自己便丧失了所有权，完全无法再生。

　　如何开采画家非再生作品资源，才能获利最大呢？

　　经济学认为：对于可再生资源，只要销售价格高于开采成本，就值得随时开采。非再生资源则不然，因为它们数量有限，任何时点的开采都会减少以后的开采量。何时理性地开采非再生资源，需要考虑它们在未来可能发生的价格变动。通常，如果未来的价格保持不变，早晚开采可能收益相同；但如果未来价格会提高，先保留起来更为划算。

　　艺术品市场的大腕级画家方力钧在刚刚出道时，便深谙此理。

　　"光头"是方力钧作品的金字招牌。他第一次得到卖画机会是在1989年，

当时，他的3幅"光头"素描参加了在中国美术馆举办的"现代艺术大展"。开展当天，有好几拨使馆人员、旅外华侨向他求购。方力钧的开价是每幅300美元，而买家觉得300美元买3幅还比较合理，他的狂妄使那笔生意告吹。在接下来的几年，方力钧在圆明园潦倒，他曾经"掀开床板翻找一分两分的钢镚、一两二两的粮票"，他每天的伙食是"粉条就酱油"。但方力钧却没有急于奔向市场。当时，圆明园的"盲流画家"们已经被国外关注，有了一些卖画机会。然而方力钧认为，与其便宜地卖画换回一点点酒饭，还不如把作品留在自己手里。

方力钧知道，"留得青山在，不愁没柴烧"。

经过几年的积累之后，至1993年香港举办"后89中国新艺术展"以及柏林举办"中国前卫艺术展"的时候，他参展的"光头"尺寸最大、数量最多，并且全都在他自己的手上。而其他许多画家零碎卖掉的不少作品，此时却很难找回。方力钧很具规模的"光头"被媒体频频曝光，甚至登上了纽约《时代周刊》封面。很快，他的画一幅卖到了1万美元。

当然，事情不能一概而论。

另一位艺术品市场的大腕级画家张晓刚的例子很典型。《大家庭》是张晓刚卖得最好的一个系列，2006年，他的《血缘·同志第120号》在"纽约苏富比"拍出97万美元，从而拉开了该系列天价的序幕。不过张晓刚回忆说，他在1998年将该画卖给画廊时，价格仅2 000美元。此外很多后来拍至数千万元的《大家庭》，他在1990年代都是以几千美元卖出，最贵的不超过2万美元。甚至在1992年，香港"汉雅轩"老板张颂仁筹备"后89中国新艺术展"时，他交出了积攒多年的全部精华，连一分钱都没要。

与近年当代艺术品市场的火暴相比，张晓刚真的吃大亏了吗？

没有。经济学对"非再生资源开采"问题，还有更深入的分析。由于资源开采所得的收入，可以产生另外的收益，这些收益的利率必须加以考虑。开发者比较理性的选择是：如果"目前价格×(1+利率)＜未来价格"的时候，留等未来开采获利更大；如果"目前价格×(1+利率)＞未来价格"时，现在开采就比较划得来。这里的收益，既可以是将收入存入银行的利息，也可以是将收入做其他投资的获利。

张晓刚当初的作品虽然"贱卖"给了画廊，却从中获得了极高的"利率"。

因为画廊是画家的市场助推器，它们为国内画家走向国际市场铺筑了一条金光大道。在1994年，张颂仁带领张晓刚参加了"第22届圣保罗双年展"，让他在西方崭露头角。后来,与张晓刚合作的"法兰西画廊"和"Max Protetch 画廊"为他在巴黎、纽约做画展,使他的知名度不断提升。张晓刚说:"从发展的角度看,你还不如将一部分钱交给专业机构,让你全力去从事艺术创作。这么多年来,我几乎都不习惯没有画廊了。"张晓刚作品价格飙升之后,画廊的代理价格也在上涨,他从没想过:"自己的画可以卖这么多钱。"

敢于取舍需要勇气,懂得何时取舍更需要智慧。看来,投资者何时开采当代画家的作品资源,大有学问!

相关资料链接:

1 卢迎华《用最简单的方式来做就好了——方力钧关于 1990—1995 年的叙述》《像野狗一样生活——1963—2008 方力钧文献档案展》视界艺术出版社 2009 年版
2 曲慧《张晓刚:我不是最"贵",我是最"冤"》《青年周末》2009-03-19

☆ 延伸阅读:方力钧谈市场

《新民周刊》:有一位当代艺术家说,艺术品当然是有泡沫的,梵高凭什么卖那么贵。你怎么看?

方力钧:货币还是黄金的时代,我们用黄金换物品就很踏实,知道到底值多少。现在呢?纸币,我也不知道现在国家的货币供应量是怎样换算出来的,你恐怕也算不清楚。我们看到的情况似乎是艺术品在升值,其实这是普遍地对掌握世界的权力以及货币本身不信任的表现。艺术就像是一种我们尚未掌握的化学物,它的结果永远无法控制和预知,所以它的稀缺性远远超过货币。在这个意义上,我觉得艺术品的价值不是被高估了,而是太被低估了,太便宜了。

还有一个原因是历史原因。我们认为应该贵的传统艺术家的传统艺术作品,现在最便宜,表现主义绘画贵很多,但是又不如现代、当代最成功的艺术家。这里有一个艺术价值颠倒的问题。欧洲人还不能称霸世界的时候,中国的艺术品是最贵的,欧洲进入上升期之后,他们的艺术品价格就大大提升,而中国艺术品的价值随之下降了。当美国崛起之后,美国艺术家作品的价格又迅速上扬,超过欧洲艺术家的作品。

如果非要说虚高,也是必然的虚高。那么我想问一下:为什么经济要增长?为什么收入要增长?我觉得这些所谓的增长其实都是假的,收入增长了,可是我们自由支配的时间越来越少,我们的食品安全完全得不到保障。这样的增长,我看还不如回到 70 年代不增长的时候。除了半饥饿状态不好受,政治斗争的痛苦之外,其他也没什么好担心的。我觉得这不是一个艺术品的问题,也不是买艺术品的人的问题,这是一个全人类的问题。

(摘自何映宇《著名画家方力钧专访:中国艺术品市场不会崩盘》《新民周刊》2011-06-01)

第五章 把握艺术品投资前景

艺术品金融化，为什么是一场豪赌

☆ 认识误区之38："艺术品金融化的风险，会让投资者望而却步"
☆ 投资必备要诀：在艺术品金融化的赌局里，最重要的仍然是"跟庄"。
☆ 阅读关键词汇：股票市场·股票金融化·艺术品金融化·价值偏离

股票市场是规模浩大的赌场，随着艺术品的金融化，一场更为壮观的豪赌正在开局。

股票市场成为赌场，便是由于股票的金融化。

最早的股票诞生于16世纪，因为此前不久，西方冒险家发现了新大陆，海外贸易和殖民掠夺成为暴富捷径。但组建远洋船队需要巨额资金，远航又凶吉未卜，为筹集资金和分摊风险，出现了股份集资。早期投资股票是单纯的经营行为，投资者的唯一获利途径是分享经营成果。在航行结束后，投资者会拿回全部本金，还能按股金比例分得所获利润。

不久，股票进入了流通时代。1602年，在荷兰诞生了世界上最早的股份有限公司——东印度公司。股份公司很快成为资本主义国家的重要企业组织形式，并产生了交易股票的需求。1609年，在阿姆斯特丹成立了世界上最早的证券交易所。利用证券交易中的股价波动获利，加大了人们的投资兴趣，股票投资者的获利也从分享公司的经营成果，转变为取得派发的股息。但此后，股票日益虚拟化，它只是参与公司决策和索取股息的凭证，只是间接反映实际资本状况的虚拟资本。除了公司的经营状况，宏观经济环境、行业经济状况、政治因素、人为操

作等都会影响股票的市场价格。股价波动的巨大不确定性,最终让股票市场变成投机者的赌场。

艺术品的金融化,与股票的金融化过程极为相似。

起初,艺术品的市场价格主要来自收藏者的价值判断;而艺术品投资者的获利,主要来自艺术品的"自然增值"过程。尽管艺术品的自然增值有诸多人为因素,仍以艺术品自身为基础,比如艺术家地位的提高、收藏者的青睐、评论家的力捧、画廊及拍卖行等中介机构的推广。投资者选择某项艺术品,是看好它的未来市场成长潜力。此时的艺术品投资获利,很接近早期的股票。

但艺术品金融化,使艺术品投资者日益偏离艺术品本身。

目前国内的艺术品金融化有多种形态,比如艺术品抵押贷款、艺术品基金、艺术品证券等。不论哪种,都离不开艺术品的真伪鉴定和价值评估,其方法之一是依赖权威的评估机构,之二是参考拍卖纪录。但事实上,由于目前艺术品鉴定评估的权威机构尚未健全,艺术品拍卖市场的诚信机制尚未建立,艺术品金融化投资者必须面临赝品和市场价格双重风险。本来,由文化部组织的"艺术品评估委员会"有望成为最有公信力的"国家标准",它在2011年的转企改制,为艺术品金融化又添了一个悬念。价值难以标准化和量化,使艺术品在金融化过程中完全走向虚拟。

因为没有权威评估标准可言,艺术品金融化实践中的估值相当随意,很容易被设局者操控。已经曝光的"金缕玉衣骗贷10亿案",以及颇受争议的天津文交所"白庚延艺术品股票",都显现出艺术品金融化带给金融机构和"艺术品股民"的巨大挑战。即便风险较小的艺术基金,因为最后要通过拍卖兑现,而拍卖行业的不规范增加了其未来的不确定性。如同股票虚拟化让股票投资者变成投机者,艺术品金融的虚拟化,也让艺术品投资变成赤裸裸的投机。

当然,赌场上的不确定性越大,对投机者的吸引力反而越强。

国内的巨大投资需求在股市平淡、房市受控背景之下,让艺术品金融化成为一条便捷的投资通道。因为艺术品金融化投资者完全不必懂得艺术品,大大拓宽了参与者的范围。而在政策调控者那里,与其让热钱去炒作影响国计民生的房地产、农产品,不如鼓励它进入虚拟的艺术品金融化,从而减少对实体经济的冲击。

艺术品金融化可谓众望所归。在2010年中国艺术品拍卖市场300亿成交额的背后,有金融资本的大力助推,而艺术金融产品的频频问世,标志着中国艺术品金融化时代的来临。随着2011年各地大量文化产权交易所开张，艺术品金融化热浪正席卷全国。估计2011年底，全国文交所将达40家，艺术品私募基金规模约达20亿元。

艺术品金融化建造了一片豪赌者的乐园。不论对于大桶吸金的操作者，还是对于期待"虎口拔牙"的投资者，一定都很刺激。

相关资料链接：
1 贺雷《艺术品如何金融化》2011-08-26
2 徐文景《文交所能走多远？未来向何处去？》《人民日报海外版》2011-08-12
3 林明杰《艺术品金融化匆忙上马，诚信何在？》《新民晚报》2011-09-13
4 孟黎《艺术品金融新趋势》《金融时报》2011-08-19
5 马春园，万涛《艺术品金融化潮涌，龙藏1号试探对冲基金化操作》《21世纪经济报道》2011-08-19
6 李真《汉唐艺交所：艺术品金融化可减轻调控压力》《投资者报》2011-09-13
7 郭觐《艺术品金融化热拥62万亿个人资本》《国际金融报》2011-08-12

☆延伸阅读："艺术品金融化"与宏观调控

艺术品金融化，指将艺术品作为金融资产纳入个人和机构的理财范围，以及使艺术品转化为金融工具，将艺术品市场金融化。它是当代资本市场和金融界对艺术品市场的介入，是试图将艺术品市场资本化规范操作的尝试。目前我国的银行业大多还持观望态度，民生银行"非凡理财－艺术品投资计划"率先试水探路。对艺术品金融化更加热衷的是艺术品交易所，这类交易所将艺术品份额化提供给客户交易，即按艺术品价值等额拆分，拆分后按份额享有的所有权公开上市交易。

在近年来股市低迷状况下，艺术品金融化进一步丰富了投资品种。有报告显示，2010年，中国个人总体持有的可投资资产规模达到62万亿元，可投资资产1 000万元以上的中国高净值人士数量已达50万人。而在投资方向上，直接购买国内住宅的投资热情下降，同时对黄金、艺术品投资等热情上涨。

近年来，国内物价上涨迅速，有相当部分则是游资使然。"豆你玩"、"蒜你狠"、"糖高宗"等，其中频频闪现游资的身影。由于热钱的趋利性，一些人把大豆、蒜、中药材等作为套利工具，在实体经济中乱冲乱闯，对实体经济造成很大影响。游资的所作所为直接影响到了民生，国家又不得不出台多项政策干预调控，而结果很可能收效甚微。"放开艺术品金融化，可以引导游资到与民生关联不大的领域，离开实体经济。在艺术品交易这个虚拟经济中，因为都是热钱与热钱之间的套利，即便大

涨大跌,对老百姓的生活也没有太大影响。"汉唐艺术品交易所执行董事郑惠文说,"这样一来,我们很多经济调控部门的压力也能缩小一半。"

(摘自李真《汉唐艺交所:艺术品金融化可减轻调控压力》《投资者报》2011-09-13)

私立博物馆，为什么大有可为

☆ 认识误区之39："私立博物馆无人买单"
☆ 投资必备要诀：政府补贴和社会化能让私立博物馆良性发展。
☆ 阅读关键词汇：正外部效应·马未都·政府补贴·理事会制

博物馆是一种很特殊的机构。

1974年，"国际博物馆协会"第11届大会通过的章程规定：博物馆是不追求营利的、为社会和社会发展服务的、向公众开放的永久性机构，它以研究、教育和欣赏为目的，对人类及人类环境的见证物进行搜集、保存、研究、传播、展览。1753年建立的"大英博物馆"，是全球首个对公众开放的大型博物馆；中国最早的公立博物馆，则是于1914年在北京开放的"古物陈列所"。国内的大型公立博物馆，如国家博物馆、故宫博物院、上海博物馆、陕西历史博物馆、南京博物院等，许多人耳熟能详。

相对而言，国人对私立博物馆要陌生得多。

其实，我国最早的博物馆，便是由清末状元张謇于1905年创建的"南通博物苑"。但新中国成立后，由国家兴办了大量公立博物馆，民间文物收藏急剧萎缩。直到1980年代，才在上海等地出现以家庭为单位的"地下博物馆"，藏品是非文物的火花、算盘、筷子等。1996年，北京市文物局批准马未都的"观复古典艺术博物馆"、路东之的"古陶文明博物馆"、何扬和吴茜的"何扬吴茜现代绘画馆"、"北京遗箴堂碑帖拓片博物馆"4家私立博物馆成立，首开新中国注册

私立博物馆先河。2002年实施的新《文物法》出台新规：文物收藏单位以外的公民、法人和其他组织，可以通过继承或接受赠与、从文物商店或拍卖企业购买、个人互换或转让等方式取得文物，并可依法流通。由此，民间建设私立博物馆的积极性再次高涨。至2010年，仅注册的私立博物馆便有400余座。

迅速兴起的私立博物馆，与近年的收藏品市场趋热同步。

改革开放以来，中国的民间收藏和收藏市场规模惊人。据统计，全国收藏者多达7 000万，在艺术品拍卖总成交额中，民间买家所占份额达九成以上。其中，既有普通玩家，也有经济实力雄厚的大款，许多价格千万甚至过亿的拍品被他们收入囊中。同样，目前的私立博物馆中，既有仅十几平方米的微型博物馆，也有斥资数亿元建造的超级博物馆，比如"富华国际集团"陈丽华于1999年投资2亿元兴建的"中国紫檀博物馆"，"成都建川实业集团"樊建川于2006年投资5亿元兴建"建川博物馆聚落"。

不论大小，私立博物馆都体现出收藏消费的"正外部效应"。

在经济学中，"外部效应"是指生产或消费行为对旁观者的影响，当消费行为对旁观者产生有利影响时，称之为"消费的正外部效应"。私立博物馆主人的收藏，本来是个人的消费行为，而当他们拿出个人收藏给社会共享时，便产生了很大的正外部效应。2010年4月在"中国首届民办博物馆发展高峰论坛"上发表的《西安宣言》称："民办博物馆致力于报答五千年中华文明的慷慨赐予，致力于回馈社会，致力于将分散秘传的个人收藏，转化为全民共享的博物馆馆藏"，这些多样化、专题化、精微化、个性化的私立博物馆，都是大型公立博物馆的重要补充。

被称为"京城四大玩家"之一的马未都，可谓最大的收藏消费"正外部效应"制造者。

与许多投资型收藏家不同，马未都的收藏行为属于消费型。马未都在1980年代初开始玩收藏，因为收藏者极少，搞收藏根本无利可图。那时每天早晨，北京国营文物收购点还没开门，卖老瓷器的农民便排出数百米长队，文物的价格极低，一只康雍乾三代的官窑碗仅值10元钱。马未都收藏古玩，完全是出于对传统文化的喜好。他说："没别的，我就是喜欢玩。"马未都把老瓷器买回家，躺在被窝里一宿一宿摸着看，享受"和古人神交的滋味"，他也因此被看作傻帽儿，被讥笑玩物丧志。

马未都的"玩"，很快产生了巨大的"正外部效应"。

至1990年代，国内收藏渐成风尚。此时，马未都已经收藏古家具、古陶瓷、古玉器等逾千件，并且心得日深。他于1992年出版首部专著《马说陶瓷》，被视作收藏者的启蒙读物；他于1997年出版《明清笔筒》，于2002年出版《中国古代门窗》，在收藏界引起强烈反响。马未都还多次应国内外著名高校的邀请，做专题讲座。2008年，他作客央视《百家讲坛》，热播了50余讲。随即，他出版的《马未都说收藏》（包括家具篇、陶瓷篇、玉器篇、杂项篇）和《马未都说》（包括枕上篇、车上篇、厕上篇）系列图书热卖，成为大众的收藏指南。

除了这些，马未都的"正外部效应"突出体现在他的"观复博物馆"。

马未都为了展示自己的丰富收藏，从1992年起为开办博物馆奔走。1996年，他的"观复古典艺术博物馆"获批。他在博物馆内布置了客厅、书房、卧室、茶室，参观者可以走上老地毯，可以掂量官窑器的重量，可以触摸老玉器的手感，可以翻看老家具的结构。1997年以来，该馆还举办过中国古代金属工艺、门窗、家具、银器、瓷器等大型展览10余个，接待过的参观者数以万计。

产生了很大"消费正外部效应"的私立博物馆，却面临困境。

因为"正外部效应"的制造者与受益者相互分离，经常会导致制造者的"成本溢出"。博物馆属于非营利机构，其象征性的门票根收入极其微薄，对于经济实力并不雄厚的私立博物馆而言，资金短缺是最突出的难题。为了支付场租、布展、水电、工资等费用，馆主们只得用自己的其他收入补充，甚至倾家荡产。2008年公立博物馆免费开放之后，私立博物馆又增压力。很明显，"正外部效应"使旁观者受益，其社会价值巨大。为了保护旁观者的利益，政府有职责向"正外部效应"提供激励，使外部效应内在化。

政府对"正外部效应"常用的激励方式是补贴。

在许多发达国家，对私立博物馆有成熟的财税支持政策。比如在法国，如果企业出资成立基金会建博物馆，政府会为该企业免税60%。在国内，针对私立博物馆的扶持政策正逐步推出。2005年底文化部发布的《博物馆管理办法》指出："国家鼓励个人、法人和其他组织设立博物馆。"2010年1月国家文物局等7部门下发《关于促进民办博物馆发展的意见》，要求"切实帮助解决民办博物馆的馆舍与经费保障问题"，并在建立资助机制、提供馆舍和基础设施保障、供应建设用地、提供贷款、税费优惠等方面，提出了积极意见。尽管政府不可能像对公立博物馆那样，给私立博物馆全额买单，但"补贴"已为时不远。

和所有的私立博物馆一样，"观复博物馆"在成立后也曾被资金所困扰。

它的微薄门票收入与高昂的运营费用相比，显得微不足道，它的馆址也因此从繁华的市中心搬到了郊外。除了门票，"观复"也通过提供收藏知识及鉴定证

明、场地出租及衍生品出售获得报酬，但它们在很大程度上依赖于马未都的个人名气。而马未都思考的是：假使自己不在了，博物馆仍能健康生存。

与许多私立博物馆苦苦期待政府补贴不同，为了摆脱个人能力的局限，马未都决定依靠社会力量另求生路。

经济学中的"科斯定理"认为：除了通过政府的干预，还可以通过利益各方的协商将"外部效应"内在化，从而达到资源的有效配置。在国外，一些私立博物馆将个人资产转化为社会资产，成立董事会或借助基金会作为托管机构，理事会制度是很多博物馆的成功模式。

"观复"于2004年开始了理事制改革，2007年正式实行理事会制。"观复"的每位理事都是主人，馆内的重大决策须经理事会集体投票决定。这样，来自董事会几位企业家的拨款、来自理事们的不定期赞助、来自博物馆会员的会费，使运营资金得到了有效保证。2008年，"观复"第一次实现盈亏平衡，成为全国数千家公私博物馆中的特例。2010年6月，马未都又创建了"观复文化基金会"，他将把名下的文物全部捐献出来，由基金会理事会统一管理。基金会接受了首批社会捐款1 000余万元，捐款者既有富人也有普通人，甚至包括打工者。

马未都让个人收藏社会化，为私立博物馆再创范本。马未都把自己取之于社会的"公物"再次"归公"，由此，这位最大的"正外部效应"制造者，所制造的"正外部效应"将持久延续下去。

相关资料链接：

1　刘芳《私立博物馆的中国困境》《瞭望东方周刊》2008－03－31
2　王海鹏《私立博物馆的中国式生存》《北京晨报》2009－05－22
3　毕武英《民间博物馆生态调查》《收藏投资导刊》2010－07－13
4　编辑部《2010民办博物馆发展论坛"西安宣言"》《西安晚报》2010－04－09
5　刘腾《观复博物馆：12年不靠卖藏品生存》《中国经营报》2009－06－27
6　林天宏《马未都传奇：玩出来的中国第一私立博物馆》《中国青年报》2005－02－05
7　《马未都登上央视百家讲坛倾情诉说收藏心得》CCTV.com 2007－12－27
8　邓欣南《观复博物馆的新立意》《光明日报》1998－07－02
9　马继东《马未都的公式：艺术品＝金钱》《艺术市场》2004－10
10　刘妮丽《民办博物馆逐渐升温，探索民营博物馆中国式生存》《北京商报》2010－07－19
11　佚名《文化商人马未都让博物馆成为社会"公物"》《北方晨报》2010－07－06

☆延伸阅读:"西安宣言"

为促进民办博物馆事业的健康发展,2010年4月7日至9日,民办博物馆发展论坛在古都西安隆重召开。与会代表经友好协商,一致同意发表如下宣言:

1. 随着中国经济社会的不断进步,中共中央、国务院号召加强各种类型博物馆的建设,在公办博物馆飞速发展的同时,民办博物馆如雨后春笋般蓬勃发展。民办博物馆作为中国博物馆事业的合理补充与新生力量,已成为博物馆事业的重要组成部分。在党的"十七大"明确提出"要积极发展公益性文化事业,大力发展文化产业,激发全民族文化创造活力,更加自觉、更加主动地推动文化大发展大繁荣"的号召下,民办博物馆事业正面临跨越式发展的难得机遇。

2. 我们所能获得的全部藏品都是中华民族共有的遗产、全社会共享的财富。所有文博工作者和收藏家将以此作为我们共同的良知和觉悟。民办博物馆致力于报答五千年中华文明的慷慨赐予,致力于回馈社会,致力于将分散秘传的个人收藏,转化为全民共享的博物馆馆藏。

……

5. 我们重申充分发挥民办博物馆社会功能的重要性。我们将加强与国有博物馆的交流与合作,学习借鉴其成功经验,始终把社会效益放在首位,满足社会公众日益丰富多样的文化需求;我们要发挥贴近民间、贴近文化市场的优势,努力科学配置资源,逐步构建类型丰富、布局合理、功能齐全的民办博物馆网络,不断提高专业水准,积极创新社会服务模式,实现民办博物馆社会功能的最大化;要充分发挥运作灵活的经营优势,推进经营管理的集约化和专业化;要发挥市场机制在配置资源方面的基础作用,为社会提供人性化、多样化、高质量的文化和文化产业服务。

(摘自《2010民办博物馆发展论坛〈西安宣言〉》《西安晚报》2010-04-09)

民营美术馆,为什么生存不易

☆ 认识误区之40:"开办民营美术馆好赚钱"
☆ 投资必备要诀:做好定位,是经营美术馆的重要前提。
☆ 阅读关键词汇:公立美术馆·公共物品·民营美术馆·资金困境

世界上有"免费的午餐",公立美术馆便是一例。

美术馆是收集、保存、展览和研究美术作品的机构。中国最早的公立美术馆,是成立于1936年的"国立美术陈列馆"(1960年更名为江苏省美术馆),目前国内最有影响力的公立美术馆,当属"中国美术馆"。"中国美术馆"是文化部直属的国家美术馆,以收藏展览中国近现代美术作品为重,藏品达10万余件。该馆承担着国家实施大众美育的重任,建馆40余年来共举办美术展览数千场,仅2008年的"敦煌艺术大展",便接待观众66万人次。

和众多公立美术馆一样,"中国美术馆"提供的服务几近无偿。

比如,中国美术馆为了实现公共教育职能,长期对学校、少年宫等的团体的参观、临摹或现场教学给予免费。2008年国家要求博物馆免费开放后,该馆逐步扩大免费范围,由只有儿童及70岁以上老人免费,改为17岁以下及60岁以上观众都免费。同时,该馆还在多项重大节庆日,实行免费开放。即便是平时的付费参观,门票也极为便宜。

这种供民众无偿享用的物品或服务,在经济学中称为"公共物品"。

"公共物品"很多,包括自然界提供的江河湖海,也包括政府提供的国防和公园等。"公共物品"与"私人物品"相对,二者的区别在于是否具有"排他性"和"竞争性"。所谓"排他性",是指很容易排除任何一个人的使用;所谓"竞争性",是指因为某个人的使用会减少其他人的使用。"纯私人物品"既有排他性又有竞争性,例如蛋糕,主人可以阻止其他人吃,而且某人吃掉后其他人就吃不到。"纯公共物品"既无排他性、又无竞争性,例如无线电视信号,电视台无法排除任何一个人接收,而且,某个人的收视并不影响其他人的收视效果。

公共物品因为无法"排他"也不存在"竞争",会造成消费者乐于"搭便车"。比如广场音乐会,因为观众即使不花钱也能观赏得到,所以没有人愿意为此买单。"搭便车"现象使"公共物品"的提供者无利可图,因此,私人市场并没有提供"公共物品"的积极性。但"公共物品"的社会效益显而易见,当政府确信某种"公共物品"的总收益大于成本时,通常会无偿提供,或者给予提供者补贴。比如"中国美术馆"的收藏和运营活动,就得益于政府的专项资金,它无需为盈利头疼。

相对而言,国内的民营美术馆就没那么幸运了。

在1990年代末的第一波建馆浪潮中,喜欢当代艺术的房地产商建造起首批民营美术馆,它们包括成都豪斯物业公司的"上河美术馆"、沈阳东宇集团的"东宇美术馆"、天津泰达大地资产管理有限公司的"泰达当代艺术博物馆"。它们为当代艺术家举办了大量画展,并以低廉价格收藏了大量作品。然而,美术馆的收藏、办展、研究、教育活动处处需要"烧钱",当母公司经营不佳时便难以为继。几年后,首批民营美术馆陷入资金困境。

1998年10月成立的"上河美术馆",是中国第一家收藏、展示和研究中国前卫艺术的当代美术馆。该馆收藏了中国自"八五新潮"以来重要艺术家的作品,其中近三分之一的艺术家在1990年代参加了"威尼斯双年展"之类的国际艺术展。2001年,它因为出资方资金链断裂宣告停馆。沈阳"东宇美术馆"运营不到两年,所有藏品在即将变为天价的2005年卖掉。天津"泰达当代艺术博物馆"在2000年停业整顿之后一直状态低迷。

没有政府拨款的民营美术馆,需要自负盈亏。它们如何盈利呢?

微薄的门票收入显然是杯水车薪。据统计,90%以上的民营美术馆与地产商有关,它们有多样的盈利方式。有些通过兴建美术馆提高社区的文化档次,从而提升楼盘价格;有些以建造民营美术馆为由征地,征得的土地大部分用于商业开发;有些名气较大的民营美术馆,通过给年轻画家办展,低价或无偿收藏他们的作品。此外最常见的，是以美术馆为名做商业画廊，卖画赚钱。

国内民营美术馆的经营，很像过去英国的灯塔。

通常，设立在海上指引航船的灯塔是"公共物品"，因为它给船长提供的服务既无"排他性"、又无"竞争性"，每个船长都可以"搭便车"免费享受，所以，大多数灯塔只能由政府经营。然而，在19世纪的英国海岸却有一些私人灯塔，灯塔的所有者并不向船长收费，而是向附近的港口收费。此时的灯塔对于航船是"公共物品"，而对于港口更接近于"私人物品"。

同样，具有"公共物品"与"私人物品"两面性的民营美术馆，在二者之间也许要徘徊很久。

相关资料链接：
1　早早《民营美术馆应该是什么？》《艺术财经》2007-08
2　曹振伟《告诫正在或想要当馆长的傻瓜们——以今日美术馆张子康为例》《传媒中国》2009-11-24
3　李婷《民营美术馆热理想遇冷现实》《文汇报》2010-05-05

☆延伸阅读：中国部分民营美术馆

表40-1　中国部分民营美术馆

名称	类别	成立或注册日期	法定代表人	投资方	资金来源	地址	地理位置
龙的美术馆	民办非企业	2011	王薇	刘益谦、王薇	刘益谦、王薇全资	上海浦东新区罗山路2255弄210号	原汤臣别墅商业中心入口
民生现代美术馆	民办非企业	2008	何炬星	民生银行	民生银行全资	上海淮海西路570号	长宁区红坊艺术园区
喜马拉雅美术馆	民办非企业	2005	戴志康	证大集团	证大集团、企业会员	上海芳甸路199弄28号	大拇指广场内
半岛美术馆	民办非企业	2004	任国雄			上海西康路1518弄12号	半岛花园内
东方美术馆	民办非企业	2005	吴志明			上海惠南镇城南路1385弄2号	
壹号美术馆	民办非企业	2007	曹卫东	百马集团	百马集团	上海建国中路1号	建国中路1号公馆
惠风美术馆	民办非企业	2009	毛啸巍			上海丁香路1089弄1号	联洋花园近丁香路入口

续表

名　称	类别	成立或注册日期	法定代表人	投资方	资金来源	地　址	地理位置
上海当代美术馆	企业	2005	龚明光	龚明光基金会	龚明光、企业会员	上海南京西路231号	人民公园内
外滩美术馆	企业	2010		洛克外滩源	洛克外滩源全资	上海黄浦区虎丘路20号	外滩源片区
今日美术馆	民办非企业	2006	张宝全	金典集团	金典集团、企业会员	北京朝阳区百子湾路32号	苹果社区
月亮河美术馆	民办非企业	2008	戚春生	东润集团	东润集团全资	北京通州区永顺镇芙蓉园513号	月亮湖园区滨河路入口
元典美术馆	民办非企业	2010	谷燕	北京盛坤元文化	北京盛坤元全资	北京朝阳区望京利泽西园112号	
寺上美术馆	民办非企业	2010	刘凤洲			北京顺义区高丽营镇张喜庄村北	
墙美术馆	企业	2006	李国昌	中国森林控股集团	中森集团、北京世纪墙	北京朝阳区东三环中路34号	朝外大街甲6号万通中心
时代美术馆	民办非企业	2010	岑钊雄	时代地产	时代地产全资	广州白云大道黄边北路时代玫瑰园	时代玫瑰园
广州当代美术馆	民办非企业	2008	陈少华			广州天河区珠江新城华就路273号	珠江新城核心区
雨村美术馆		2008	金雨	蒙克眼镜		苏州沧浪区新市路2号	
苏州本色美术馆	民办非企业	2008	陈翰星	本色集团	本色集团全资	苏州吴中区通达路219号	吴中区古运河支流旁
华·美术馆		2008	任克雷	华侨城集团	华侨城集团全资	深圳华侨城深南大道9009号	华侨城洲际大酒店
巴塞美术馆		2011	宗莉萍	宗莉萍	宗莉萍、企业会员	苏州于园区湖西金鸡湖大道北	
美庐美术馆	企业	2007	胡斌	胡斌	胡斌、企业会员	长沙白沙路92号	简牍博物馆天心阁
四方美术馆	民办非企业	2005	邓质方	四方建设集团	四方建设集团全资	南京浦口区珍珠路178号	珍珠泉佛手湖风景度假区
黄桷坪美术馆						重庆黄桷坪艺术区102艺术基地	黄桷坪艺术区
恒源祥香山美术馆	企业	2010	陈明	恒源祥香山画院	恒源祥香山画院全资	上海九江路686号宝龙大厦	南京东路步行街
西湖当代美术馆	民办非企业	2008	童雁汝南			杭州南山路182-1号	广西北路口

续表

名　称	类别	成立或注册日期	法定代表人	投资方	资金来源	地　址	地理位置
53美术馆	民办非企业	2010		广东万品文化	广东万品文化全资	广州广园快速路汇景路汇苑街21号	汇景新城南门
悦美术馆		2011				北京朝阳区酒仙桥2号路798区	798艺术区
驻中美术馆	企业	2011	白春丽	北京东方驻中	北京东方驻中全资	北京海淀区四季青巨山路燕西台	郊西五环西台高尔夫俱乐部
文轩美术馆	企业	2011	龚次敏	新华文轩连锁	新华文轩连锁全资	成都双流高新区天府大道中段177号	成都新会展中心旁

（据《中国民营美术馆资料篇》《顶层》2011-7、8）

第六章 顺应艺术市场复杂环境

（明）吴彬《溪云初起图》立轴设色纸本 2011年6月4日在北京保利以5 175万元成交

艺术品质押，为什么是艺术品市场风向标

☆ 认识误区之41："艺术品质押贷款，只是单纯的金融行为"
☆ 投资必备要诀：用艺术品获准质押贷款的难易度，可以判断艺术品市场行情的冷暖。
☆ 阅读关键词汇：艺术品质押·风险·价值评估·艺术品金融化

艺术品与金融结合的一种重要方式，是质押贷款。

2009年，潍坊银行以李苦禅、于希宁等国画大师的书画作为质押，发放贷款，开创了国内商业银行以艺术品质押放贷的先河。2010年，建设银行在深圳试水艺术品质押融资模式，是大型国有银行的首创。其受益者"深圳同源南岭文化创意园有限公司"是中国优质丝绸产品和优秀丝绸企业的聚集地，它由于业务迅速扩展，迫切需要获得银行授信支持，却因为难以提供银行普遍认可的质押物，未能如愿。此次经过多方撮合，该公司以自藏的一批苏绣作质押，获得了"建行深圳分行"的3000万元贷款。

艺术品质押贷款的办理，可谓费尽周折。

以深圳建行的业务为例，为了精确评估同源公司的苏绣藏品，邀请到文化部推荐的5名专家组成评估小组，对154件绣品实施实地查勘、市场调查及询证。专家们通过把握藏品的历史价值、艺术水平和制作者、指导者的资历、成就，以及同类产品的市场参考价，对其市场价值作出判断，最终确认该批藏品的市场总价值为5000万元。

银行如此小心翼翼，是由于其中蕴含着不小风险。

在经济学中,"风险"指经济行为者因事先不能明确某项决策的结果,从而产生的不确定性。银行以质押为条件发放贷款,正是为了规避坏账风险。所谓"质押",是指债务人或第三人将质物移交债权人占有,当债务人不履行债务时,债权人有权以折价或拍卖、变卖该动产的价款优先受偿。不过,并非所有的质押物都可以完全规避风险。我国1995年起施行的《担保法》规定:质物包括动产和权利两类。但通常,银行仅乐于接受存单、仓单、保单、国债、股票等作权利质押,而对动产质押,大多持谨慎态度。因为旨在避险的动产质押,本身却含有很大风险。

动产质押的主要风险,来自对其价值评估的难度。

银行必须准确评估拟质押动产的真实价值,之后,才能确定贷款的额度。但目前,国内银行对很多种动产所在的行业并不熟悉,最常见的质押品,只有厘定价值容易、变现能力强、价格稳定的钢材以及有色金属初级原材料或半成品。与普通动产相比,艺术品由于独特性强,估值更加困难。每件艺术品因作者知名度、自身品相、著录及流传状况等的差异,会导致购藏者的评价差距巨大。

正由此,目前各个艺术品类都没有详尽的定价标准,尤其对于高端艺术品,将永远不可能制定出严密的价格表。

为潍坊银行质押贷款作担保和评估的"深圳杏石投资管理有限公司",自2006年开始立项研究艺术品质押问题,董事长徐永斌认为,艺术品质押需要有中国艺术品权威的鉴定权和价值评估,如果两者处于完全缺失的状态,艺术品质押以及艺术品金融化就是空谈。因为没有权威评估标准可言,艺术品金融化实践中的估值相当随意,很容易被设局者操控。2011年曝光的"金缕玉衣骗贷10亿案",显现出艺术品金融化给金融机构带来的巨大挑战。

除了艺术品的现值评估困难,银行的更大风险,来自质押艺术品未来价值的不确定性。

银行占有质押动产的目的,是以备未来债务人不履行债务时,以其抵债。质押动产的未来价值是否足以抵债,是银行必须面对的风险。在经济学中,描述某种未来可能性的客观方法,是依据过去同类事件发生的概率。比如,某地过去多家餐馆的盈利和亏损比例各占一半,由此可以推断,某家餐馆未来的盈利概率为50%。据此理,能够预估大多数商品的未来价值,但对艺术品却不适用。同样是由于每件艺术品都具有独特性,使许多看起来很相似的历史交易事件,事实上却大不相同。在我们前面探讨过的"艺术品拍卖估价与成交价相差悬殊"问题中,拍品估价的主要依据便是类似拍品的以往拍卖结果,这种时间差极短的预估尚且相差悬殊,何况银行的借贷期限长达数月甚至数年呢?

其实，银行是否接受艺术品质押，代表了金融机构对艺术品市场的信心指数。

当人们当无法根据以往事件预测未来风险时，便只能依据主观判断，它直接决定了经济行为的选择。商业银行因为艺术品的变现能力较差，在艺术品质押贷款方面缺乏积极性，但艺术品市场的持续火暴，也会使银行对艺术品的未来市值充满信心。同时，拥有高价藏品的中小企业的强烈融资需求，给银行带来了巨大收益空间。对艺术品质押贷款"低风险、高收益"的主观判断，让银行勇于开创出融资新模式。

金融业是整个经济体系的晴雨表和风向标，如果有更多艺术品能够获准质押，意味着新一波艺术市场行情即将来临。

相关资料链接：

1　余琴《深圳建行首创艺术品质押融资模式》《广州日报》2010 – 05 – 14
2　杨练《动产抵押贷款谨慎前行》《证券市场周刊》2006 – 11 – 13
3　林明杰《艺术品金融化匆忙上马，诚信何在？》《新民晚报》2011 – 09 – 13

☆延伸阅读：金缕玉衣骗贷案

在"中国400富人榜"中，华尔森集团总裁谢根荣一度名列第163名，资产6.2亿元。但没人知道，这些钱是从银行骗来的。2000年9月，谢根荣伪造555份房贷合同，以假按揭的方式从建设银行骗贷6亿多元。但谢根荣不傻，他早早为自己留下后路。本世纪初，媒体突然开始报道一位叫谢根荣的"古董收藏家"。

在谢根荣贷款诈骗案的卷宗中，有一份证人牛福忠的证言：谢根荣有两件"古董"，一件是"金缕玉衣"，一件是"银缕玉衣"。其实，两件"玉衣"是我用他给的玉片穿出来的，不值钱。他坚持要我找专家给这两件"玉衣"做评估，我就找了原中国收藏家协会秘书长王文祥。王文祥又找了原故宫博物院副院长杨伯达等4位专家，一起给"玉衣"作出评估报告，评估价24亿元。

2002年底，建设银行某支行行长颜林壮和副行长赵峰凭借经验，发现华尔森集团在骗贷，为此找谢根荣谈判。谢根荣先向银行提供了造假的企业财务报表等材料，然后领着颜林壮等人参观了专门用来存放两件"玉衣"的"根荣陈列馆"。谢根荣指着一件"金缕玉衣"说："全世界只有两件，专家已经做过鉴定，市场估价24亿。它在这儿，我还能赖着你们区区几个亿不还？集团只是一时资金周转困难，只要我们通力合作，还清贷款肯定没问题。"说完出示了有5位国内顶级古董鉴定专家签字的评估报告。

　　顶级专家的集体签名，让颜林壮和赵峰相信了谢根荣，觉得即便他有骗贷嫌疑，但华尔森集团毕竟还是一个非常有实力的企业，不会欠贷不还。另一个问题是，当初按揭贷款是颜林壮批下来的，如果骗贷的事情暴露，他作为行长乌纱难保。颜林壮最终决定：瞒住上级，通过开具银行承兑汇票的方式为企业提供资金支持，帮企业发展起来，把问题"消化"。后经法院查明，这部分的累计金额达4.56亿元。2008年3月，谢根荣、颜林壮等人被抓。至案发时，谢根荣骗贷的钱有5.4768亿元无法归还。

　　　　　　　　　（摘自《隔玻璃看"金缕玉衣"》《法制晚报》2011－09－05）

艺术品捐赠，为什么在发达国家盛行

☆ 认识误区之42："投资艺术品只能在市场上获利"
☆ 投资必备要诀：随着相关制度的健全，投资者捐赠艺术品有利可图。
☆ 阅读关键词汇：博物馆·艺术品捐赠·免费赢利·抵税

公立博物馆（含美术馆，下同）的藏品来源，除了购买，更重要的是接受捐赠。博物馆接受的捐赠分为有偿捐赠和无偿捐赠两种：有偿捐赠者能从博物馆那里得到微薄的物质奖励，无偿捐赠者没有丝毫的物质利益可得。在新中国成立之初，文物艺术品的价格极便宜，它们的最好归宿是捐给国家，一些博物馆因此得到了艺术家和收藏家的不少捐赠。

在大多数西方发达国家，无偿捐赠者们却有利可图。

最直接的是税赋优待。比如在美国，《1969年税务改革法案》规定：收藏家捐赠艺术品，可以在联邦税款中扣除捐赠品的全额市场价。美国国税局每年处理的艺术品捐赠退税达10万宗以上，金额近10亿美元。捐赠抵税政策使美国公共博物馆收获了海量的艺术收藏，造就了美国博物馆业的繁荣。正是利用该项政策的便利，一些捐赠者故意夸大艺术品价值，以骗取退税，有些古董的价值竟被抬高了5倍之多。

除了看得见的实惠，捐赠者还能从免费捐赠中谋取到另外的好处。

利用免费赢利的经典案例，是100年前的"吉列刀片模式"。1903年，美国推销员金·吉列发明了可更换刀片的剃须刀，当年，他只卖出51副刀架和168

枚刀片。接下来，吉列将刀架以极低的折扣卖给美国陆军，用作士兵的必需品；他也将刀架卖给银行，用作送给新客户的礼物。一年后，他成功地售出了刀架9万副、刀片1 240万枚。这种先提供免费（或近乎免费）产品，然后通过出售耗材或服务获利的营销模式，在经济学上称作"交叉补贴"。

西方的企业捐赠，与此异曲同工。

许多西方大型博物馆的运营，都依赖企业支持，以应付日常的免费展览。比如大英博物馆的日本厅，便长期陈列着赞助者三菱、松下等的名单。大企业对博物馆的捐赠，自然会得到社会的广泛认同与尊重，树立起良好的公益形象。作为回报，公众往往乐于通过积极的消费行为，去主动强化该企业的市场地位，使其获得更多的商机。相比巨额的广告费用，企业捐赠所用的成本不是很大，但赢得的客户忠诚度却极高。

相对而言，美国对艺术家显得极为吝啬。

在美国，艺术家捐赠作品从政府的收益，要比收藏家少得多。他们的《1969年税务改革法案》规定：艺术家捐赠个人作品，纳税时只能扣除作品的材料费。如果是绘画，材料费仅仅包括画布和颜料等费用，大约只是成品市场价的数百、甚至数万分之一。尽管艺术家的辩护者为此在国会上斗争多年，但该条法律至今没有更改。美国政府之所以不愿鼓励艺术家捐赠，是考虑到该行为涉嫌操纵作品市场价格。

艺术家操纵作品市场价格，类似于媒体的"免费模式"。

许多大众媒体（比如报刊、电视，尤其是网络）的生意日益红火，但其信息的售价，却远远抵不上制作和发行成本。真正买单的是广告投放者。这是一个多赢局面：受众几乎免费地享受媒体提供的多种信息，广告主把媒体吸引来的部分受众转化为自己的顾客，媒体从中也得利不菲。其间，媒体拥有的关注度最被广告主看重，因为"眼球"的积累会转化成它们的实际收益。

事实上，博物馆已成为与媒体相似的中介平台。

艺术家向博物馆捐献作品的最大愿望，是让作品得到妥善的保管和展示。西方博物馆对艺术捐赠品有整套的收藏、保存和研究机制，它们会设置专人负责管理，经常举办专题展览和讲座，出版图册或研究成果。艺术家虽然仅仅免费捐献了有限的作品，却从博物馆得到无限多的受众。博物馆的声望越高，艺术家所受的关注就越大，提升他们作品市场的价格越有效。

遗憾的是，国内在艺术品市场兴起之后，艺术品捐赠却并不踊跃。

究其原因，是中国缺乏艺术品捐赠的"免费经济学"土壤。对于收藏家而言,由于没有相关法规的支持,捐赠者无法享受国际通行的免税鼓励,也难以获取公益形象带来的商机。对于艺术家而言,由于目前博物馆管理机制的欠缺,对捐赠品或保存不善、或疏于展示,与艺术家的捐赠初衷相去甚远。当艺术品能在市场热卖,而捐赠的"免费经济学"难于在博物馆奏效时,人们当然不愿意选择捐赠。

相关资料链接:
1 李磊,薛晔《社会捐赠是公共收藏的重要渠道》《中国美术馆》2008-08
2 编辑部《中国文物命运30年聚变,博物馆为何少了私人捐赠》《南方日报》2009-04-20
3 简·杰弗里,余丁《向艺术致敬——中美视觉艺术管理》知识产权出版社2008年版
4 曹卫国《美艺术品捐赠骗税之道:夸大价值以骗获政府退税》《环球》2008-04
5 张立行《接受艺术品捐赠,我们准备好了吗》《文汇报》2008-11-15

☆ 延伸阅读:"要给捐赠者最高礼遇"

2004年2月,香港收藏家张永珍女士,将一件市场拍卖价4 150万港元的清代雍正粉彩蝠桃纹橄榄瓶无偿捐献给上海博物馆。这件代表着中国粉彩瓷器艺术最高水平的藏品,北京故宫、台北故宫、大英博物馆都不具备,轰动一时。

上海博物馆副馆长汪庆正透露,上海博物馆的藏品由建馆之初的9 000件,增加到现在的近100万件,其中有近十分之一的馆藏来自于民间的捐赠。上博内的镇馆之宝大克鼎、目前所知最早的青铜器——夏晚期的束腰爵等,都是江南几位大收藏家后人捐赠。

收藏家们倾心的世代相传的文物,为什么无偿捐给上海博物馆呢?上博的答复是"要给捐赠者最高礼遇"。当年,在张永珍捐赠过程中,上海博物馆组织了盛大的捐赠仪式,上海市市长韩正为张永珍颁发"白玉兰奖",国家文物局局长单霁翔向张永珍颁奖。自此之后,上博接受的社会捐赠越来越多,不少来自海外。

上博原馆长马承源说:"我们通过各种渠道先认识收藏家,经过多次联系大家都成了朋友,他们就会拿出自己收藏的精品给你看。这样,我们掌握了一些文物精品的流向,也会为他们的收藏提一些建议。慢慢就有收藏家开始捐赠。"如今,在上海博物馆的展厅内还有一份长长的捐赠者名单,已有近千位捐赠者的名字。

(摘自《中国文物命运30年骤变,博物馆为何少了私人捐赠》《南方日报》2009-04-20)

43

取消价格上限，为什么促成了古代书画的暴涨

☆ 认识误区之43："拍卖市上总是高价者拍得"
☆ 投资必备要诀：自由的拍卖竞价，会给民间投资更多的入市机会。
☆ 阅读关键词汇：古代书画板块·亿元时代·定向拍卖·优先购买权·价格上限

古代书画板块在新世纪初曾风光过一次。比如2002年，宋代米芾的《研山铭》在"中贸圣佳"以3 299万元成交；2003年，隋人的《出师颂》在"中国嘉德"以2 200万元成交。但很多人认为，这些高价并没有达到应有的高度。直到2009年秋拍，中国古代书画板块率先进入了"亿元时代"。清代徐扬的《平定西域献俘礼图》在"中贸圣佳"以1.34亿元成交，明代吴彬的《十八应真图》在"北京保利"以1.69亿元成交，宋代曾巩的《局事帖》在"北京保利"以1.01亿元成交，《宋名贤题徐常侍篆书之迹》在"中国嘉德"以1.01亿元成交。

中国古代书画的这次价格暴涨，除了由于市场自身的"板块轮动"，还有一个重要的外部原因。

此前很长一段时间，国内拍场并没有真正遵循拍卖规则。

比如《研山铭》在2002年被实行了"定向拍卖"。当时"中贸圣佳"在拍场宣布："《研山铭》为国家文物局指定文物收藏单位定向竞投，具有竞投资格者为599号牌持有者。"拍卖师报价2 999万元，599号举牌，随即落槌。《研山铭》的购买者是国家文物局，由北京故宫博物院代为保管。而《出师颂》则在2003年被使用了"优先购买权"。《出师颂》是"中国嘉德"的第1657号拍品，上拍前极受关注。该公司在《出师颂》行将登台时声明："根据国家有关法律规定，第1657号拍品已经由国有收藏机构优先购得，成交价为2 200万元人民币。"

当时的"定向拍卖"和"优先购买权"，被称为中国特色的产物。

艺术品被定向拍卖后，一般仅允许国家博物馆和图书馆竞买。早在1994年的"中国嘉德"秋拍，就规定3封孙中山信札和2件鲁迅文稿，非国有公藏文博机构不得举牌。此后，曾有多件著名艺术品被实行过定向拍卖。前述对《出师颂》行使的"优先购买权"，实质也是被"定向拍卖"。因为按照国际惯例，只有当国家与私人买家出价相同时，才有优先购买的权利。

这种情形，实际是政府给拍品强行制定了价格上限。

在完全竞争市场上，价格由供求双方在竞争中自发形成，是无数供给者和需求者共同的决策结果。需求与供给达到平衡时的价格，称为"均衡价格"。但是，现代市场经济都有国家参与宏观调控，有时候，政府为了限制某些商品的价格上升，会规定它的最高价格，这便是价格上限。

国家为了确保顶级珍品留在公藏文博机构，采取"定向拍卖"和"优先购买权"，起到了价格上限的作用。

本来，拍卖以"公开竞价、价高者得"的自由竞价为原则，可以为供求双方找到最佳价格平衡点，实现卖家收益的最大化。但是，由于"定向拍卖"和"优先购买权"剥夺了许多买家的竞买权，而指定竞买和优先收购的国有文博机构因为受财政、管理体制的制约，出价往往低于自由竞拍可能出现的"均衡价格"。比如在《研山铭》上拍前，众多海内外博物馆、企业家、收藏家就纷纷报价，超过3 500万元的有10余家，最高的达到5 000万元。

显然，"定向拍卖"和"优先购买权"形成的价格上限，有悖于拍卖市场的公开、公平、公正原则。

价格上限，使艺术品不能通过拍卖真正实现自身价值，甚至由于限制了许多买家参拍，造成一些珍品因达不到底价而流拍。这不仅损害了卖家的权益，也使一些深藏民间和流失海外的珍品未能露面。所以，随着艺术品市场的不断完善，政府使用"定向拍卖"和"优先购买权"越来越慎重。

2009年古代书画的价格暴涨，也是得益于此。

在"中国嘉德"春拍中，《陈独秀等致胡适信札》虽然也被"优先购买"，但却参照了国际惯例，国家文物局是以拍卖会上的最后成交价554.4万元购得。而对其他多件书画珍品，政府并没有被行使"优先购买权"，更没有"定向拍卖"。这样，数位收藏大鳄才得以到拍场一掷万金。特别是大买家刘益谦，他不仅在"北京保利"春拍以6 171万元拍下宋徽宗的《写生珍禽图》、在"中国嘉德"春拍以5 824万元拍下宋人的《瑞应图》，更在"北京保利"秋拍以1.69亿元拍下明代吴彬的《十八应真图》。

完全自由的拍卖竞价，激活了更多的民间资金进入艺术市场和文物收藏，这是投资者们都很愿意看到的事情。

相关资料链接：
1 艾祥《古代书画在拍卖市场上已是独执牛耳》《理财周刊》2010 - 66
2 任文《一夫当关——宋米芾〈研山铭〉回归记》《中华工商时报》2002 - 12 - 13
3 陈念《巨金优购〈出师颂〉受到社会舆论质疑》《中国商报》2003 - 07 - 21
4 何文秀《"定向拍卖"宜取消》《收藏快报》2008 - 11 - 24

☆延伸阅读：股票买便宜的，艺术品买贵的

因为曾一度持有15家上市公司累计约2.5亿股的法人股，刘益谦成为了资本市场上的传奇人物，并被冠上"法人股大王"的名头。而在最近几年，这位资本大鳄却把中国的艺术品市场搅得天翻地覆，他每年砸向艺术品市场的资金少则几亿，多则十几亿，成为中国艺术品市场上最慷慨的超级买家，也被认为是中国艺术品进入"亿元时代"最重要的推手。

刘益谦对艺术市场的搅动一度被称之为"毛毛现象"（毛毛是刘益谦的小名），因为众多创纪录的天价拍品背后都刻着他的名字：陈逸飞《长笛手》8 344万元，清乾隆御制紫檀"水波云龙"宝座8 578万港元，齐白石《可惜无声·花鸟工虫册》9 520万元，吴彬《十八应真图卷》1.69亿元，王羲之《平安帖》3.08亿元……一些拍卖业内人士甚至把2009年称为"毛毛年"。因为在这个被称为中国艺术品市场"亿元元年"的年份里，刘益谦一人砸向艺术品市场的资金就超过13亿，他不仅将国内拍卖市场成交额前十大艺术品中的四件收入囊中，嘉德、保利等国内一线拍卖公司的一季拍卖差不多一半成交额都是来自于他。2010年，他在艺术品市场投入也接近10亿元，最大手笔就是以3.08亿元拍下王羲之《平安帖》。于是，有人说刘益谦几乎凭借一己之力改变了整个中国艺术品市场的估值体系，直接把中国艺术品推进"亿元时代"。

许多人热衷于询问刘益谦的投资秘籍，他说他的原则就是："股票要买便宜的，艺术品要买贵的。"关键是有几个人能知道股票到底便不便宜？有几个人能买得起最贵的艺术品？不少拍卖公司的内部人士会把刘益谦戏称为"封面男郎"，因为他就喜

欢买拍卖图录封面上的拍品,一般出现在封面上的都是最重量级的拍品。"我就买贵的、好的。有朋友跟我说,这幅画好在哪里,我根本搞不清楚,我知道大家都说它好,'为什么好'不是我研究的。"他说。虽然直到今天,很多老派收藏家仍然无法苟同刘益谦对于艺术和艺术市场的理解,但是刘益谦也似乎从来没想过让他们苟同,他甚至总是说,"我是不大懂艺术。但是,我认为艺术本身没有价值,只有被资本发现之后才有价值,全世界都是这样。"

(摘自孙冰《刘益谦一人收藏力压博物馆,一幅"齐白石"赚3.5亿》《中国经济周刊》2011-06-21)

艺术品造假，为什么遍及古今

☆ 认识误区之44："书画造假现象只是暂时现象"
☆ 投资必备要诀：并不是所有人都厌恶艺术品造假，买家也不例外。
☆ 阅读关键词汇：艺术品造假·鸵鸟垄断·反垄断·知假买假

艺术品造假，是艺术市场经久不衰的话题。

中国书画造假古已有之，始自两晋，盛极民国。随着近年国内艺术品收藏趋热，尤其是艺术品拍卖市场勃兴，传统书画的伪作更是层出不穷。据著名艺术品市场评论家牟建平归纳，当今传统书画的造假手段包括原样克隆、改头换位、移花接木、东拼西凑、面壁生造、上款晓人、藏印蒙骗、题跋欺世、著录伪装、家属提供等10种之多。西方也不例外。据说，美国一家博物馆买进的古希腊石雕，在1990年代被查证系假造；17世纪荷兰大画家伦勃朗的名作《戴金盔的人》，在10多年前也被鉴定为赝品。本来，中国当代油画广受青睐，是由于多为在世画家所作，免去了买假之忧。但这个梦想也被打破。比如，在陈丹青的《国学研究院》和《西藏组画·牧羊人》于2007年分别拍出1344万元、3584万元之后，署名他的假画立刻在拍卖行频频涌现，画家本人发现2007年上拍的伪作有4幅，第二年增至6幅。

古今中外的艺术品造假事件，为什么如此猖獗？

是应对垄断的缘故。在经济学中，垄断是指市场交易中的买方或卖方，拥有强大的控制力。在卖方垄断情形下，垄断厂商提供市场所需的全部产品，使买方找不到任何替代品，从而可以控制和操纵市场价格。产生垄断的重要原因之一，是对关键性资源的掌握。曾有一个"鸵鸟垄断"的案例：鸵鸟肉行业一直被南非厂商垄断，鸵鸟肉因为颜色和牛肉接近、且脂肪含量不高，在欧洲市场很受欢迎。但养鸵鸟的成本并不比养牛高，南非为了阻止外国厂商进入，通过了一项法律，禁止出口能交配的鸵鸟和能孵化的鸵鸟蛋，并封锁饲养方面的所有信息和技术。这样，欧洲人就不得不付出比牛肉高许多的价钱买鸵鸟肉。

艺术品市场同样存在垄断和垄断利益。

在所有的艺术品造假案例中，被仿的都是名家或名品。在艺术品市场中，某些艺术家因为地位特殊或者作品独到，成为名家，他们的作品则成为买家争抢的对象。在经营者那里，因为名家或名品数量有限，自然奇货可居。这时的名家或名作的经营者，便成了市场的垄断者，自然利润不菲。中国在晋代发生伪作，就是因为一批书画名士如王羲之等人的作品，被竞相购藏和赏玩。西方在20世纪出现伪造毕加索等画作的专门集团，也是因为这些大名鼎鼎的现代主义大师的作品销路甚广。

普通画家和普通经营者，肯定希望打破这种垄断局面。

普通画家也想成为名家，普通经营者也想搜罗到名品，但谈何容易？他们在费工费时之后，很可能一无所获。一条事半功倍的捷径是造假。艺术品不同于普通商品，它被追捧有时并不只在于质量，而在于作者的名气。普通画家在娴熟掌握了名家的技法之后，如果因循创作很可能被视作抄袭而无人问津，但冒名造假则可能尽快致富。经营者造假同样回报甚丰、风险却不大。因为目前普通店铺里的大部分顾客并不懂行，国内尚没有权威鉴定机构把关，而在拍卖市场，《拍卖法》规明文规定：拍卖行不对艺术品的真伪负责。

被造假的名家和假货的买家，一定会对此深恶痛绝吧？

也不尽然。在名艺术家中，像吴冠中那样执意将造假者诉诸公堂，不惜"黄金万两付官司"的极少，大多数只能息事宁人。当油画家陈丹青被问及"怎么维权"时，他回答说："毫无办法。我对着屏幕上的假画愣几秒钟，就想别的去了。"法国大画家柯罗更好过关，他发现穷画家仿他的画，会签上自己名字以成人之美。在买家中，除了一些人花大头钱后大喊冤枉，还有一些属于知假买假。因为他们买画不是为收藏，而是为了雅贿或摆阔，他们愿意和卖假者心照不宣，做花少钱办大事的好买卖。

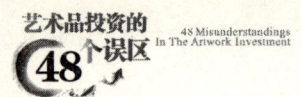

表44-1 陈丹青作品拍卖价格前10位

(金额单位:万元人民币;数据来源:雅昌艺术网2011-10-12)

序号	名称	估价	成交价	拍卖公司	拍卖日期
1	1980年作《西藏组画·牧羊人》	800~1 000	3 584	北京匡时	2007-12-01
2	1981年作《进城之三》	1 000~1 500	2 300	北京保利	2011-06-02
3	2001年作《国学研究院》	咨询价	1 344	北京保利	2007-11-30
4	1991年作《街头剧院(一对)》	咨询价	1 187.9	纽约苏富比	2006-09-20
5	1991年作《躺卧的人体》	180~360	515.2	800拍卖	2008-09-13
6	1986年作《情人》	380~450	440	中诚信	2006-04-29
7	1981年作《进城之三》	80~120	418	北京华辰	2005-11-05
8	1986年作《情人》	330~430	369.6	北京保利	2010-12-01
9	1988年作《康巴汉子》	320~380	352	中国嘉德	2006-11-22
10	1988年作《康巴汉子》	220~260	313.6	北京保利	2009-11-22

相关资料链接:

1 牟建平《书画艺术市场造假"十大手段"剖析》《艺术市场》2005-02、03
2 佚名《陈丹青谈假画:面对假画毫无办法》《南方周末》2010-03-29

☆延伸阅读:陈丹青谈假画

《南方周末》:您对制造和买卖假画,怎么维权呢?

陈丹青:毫无办法。我对着屏幕上的假画愣几秒钟,就想别的去了。要是这哥们能赚几文钱也好,可是花钱的人冤枉。我的画固然比伦勃朗差十万八千里,可是我的伪作也比我差十万八千里啊,至少譬如仿我的签名,为什么不肯稍微认真一点呢。我同情美协,这种事不好办,太多人际关系和潜规则,比乱麻还乱。对各种恶,中国人的伟大,是心里有数,无表情,不表态,多一事不如少一事,少一事不如只当无事。"权威鉴定机构"及"权威人士",当然有,可是更权威的是钱。我不是说鉴定家拿了钱,但十个专家只要有一人收钱——哪怕一小笔,而且十二分情有可原——其他九人当然无表情,不表态,多一事不如少一事……打假的法律,即便不空白,填满了,你以为真有用么?

《南方周末》:对这样的现状,国外会怎么处理?

陈丹青:欧美同样为这些事头疼。不过恕我无知,他们对此施行的律法、规定、措施、案例,我不清楚,不能乱说。十多年前倒是看过一部长纪录片,专讲欧洲庞大的赝品制作业及相关市场。一上来就是联邦调查局人员迅速闯入一间作坊,仿作者,一位漂亮的中年人,当场就捕,人赃俱获,他因败露而发窘,笑了起来。此后便是他与另几位作案者在镜头前眉飞色舞讲解怎样作假画——都是手艺一流的艺术家。中国人也早就知道怎样给伪青铜器涂抹泥土，看上去像是历经沧桑三千年，而今官窑或青花瓷的赝品，则直接从真迹残片提炼古代瓷质，用电脑数据制造器型，包括纹样图案，你现代科技查验吧，全是真的——总之，我记得那部纪录片详细展示赝品制作的全过程，将这一行业向公众曝光，制作人被判刑（刑期不长，很快交保），最后的劝告，似乎是赝品还看质量，如果实在制作精良，不比原作差，买家又并不十分在意真伪，则也不失藏购欣赏的价值云云。

（摘自佚名《陈丹青谈假画：面对假画毫无办法》《南方周末》2010-03-29）

45

吴冠中的"打假之道",为什么值得借鉴

☆ 认识误区之45:"画家对打假无能为力"
☆ 投资必备要诀:有能力打假并敢于打假的艺术家,更值得关注。
☆ 阅读关键词汇:假画侵权案·赝品泛滥·吴冠中全集

吴冠中于2010年去世,留下了许多传奇。

吴冠中的传奇之一,是轰动一时的"打假案"。1993年,"上海朵云轩"和"香港永成古玩拍卖有限公司"联合在香港拍卖一件中国画《毛泽东肖像》,该画的画面上有"炮打司令部,我的一张大字报。毛泽东"字样,落款为吴冠中。吴冠中在拍卖前认定该画系伪作,并委托"文化部市场管理局"和"中国文化艺术总公司"要求主办方将其撤下,但拍卖依然进行。为此,吴冠中于第二年向法院起诉,两年后,以吴冠中胜诉结案。

吴冠中打假何以引起轰动?

因为作品真伪历来是收藏的要点,在收藏趋热后,它更成为艺术品市场最为关切的大事。王立军是文化部艺术品评估委员会副主任、全国工商联古玩商会鉴定委员会主任,他曾跟随央视《寻宝》栏目组走进全国五六十个城市。令他震惊的是,收藏爱好者们捧去的数十万件"宝贝",有90%以上是赝品。更令他震惊的是,部分赝品竟有"鉴定机构"或"专家"出具的鉴定证书。本来,艺术品鉴定已经高深莫测,而鉴定市场的混乱,更使真伪问题变得扑朔迷离。

假货在收藏市场泛滥,却很少有人出来打假。

乏人打假的原因有二：其一，是藏品本身难辨真假。上海大学美术学院教授、书画鉴定家徐建融根据公安刑事侦破的状况，推理出书画鉴定的正确率：60%可以鉴定真伪，即使一时真伪颠倒，终究会水落石出；20%无法鉴定真伪，相当于刑侦中的悬案，或者因为没有线索而不予立案；20%真伪颠倒，相当于冤假错案，而且永远得不到平反。其二，是鉴定者不想辨明真假。王立军将那些不称职的鉴定专家分为6大类，其中包括"见什么都说好的老好人型"、"只要给钱什么都好说的腐败型"。正因为藏品本身"难辨真假"，所以即便有人想打假，多以"证据不足"而失败。更因为一些鉴定者"不想辨明真假"，他们说真还唯恐不及，如何愿意去打假？

但吴冠中不然，他不仅有能力鉴定自己作品的真伪，更愿意向赝品开战。

其实，吴冠中1993年去拍卖行打假之前，还做过一次"自我打劣"。吴冠中对自己的作品走向市场，态度一向极为严谨，他非常憎恶在一时盛名之下，艺术价值不高的劣画也招摇过市。1991年9月，他整理家中的自藏画作，将200余幅不满意者全部焚毁，围观的邻居们惋惜地称之为"烧豪华房子"行为。吴冠中毁画的目的只有一个："要维护艺术的纯洁神圣，要维护读者和收藏者的权益，决不让谬种流传。"他说："生命末日之前，还将大量创作，大量毁灭。"他对自己不满意的"劣画"尚且痛恨至此，如何能容忍冒他名的赝品欺世呢？

但吴冠中那次打假的结果，可谓不了了之。

吴冠中的那场官司打得非常辛苦，他自称"黄金万两付官司"。而他的胜诉，也并非全胜。法庭判决两被告在《光明日报》、《人民日报（海外版）》上载文向原告公开赔礼道歉、消除影响，两被告共同赔偿原告损失人民币73 000元。但因为被告拒不执行，后来只得由上海市第二中级人民法院在《人民日报》及《光明日报》上登载公告，宣布案件的经过和结果。

书画市场的打假，难道真的无路可寻？

10年之后，吴冠中用又一项传奇给出了答案。2005年，湖南美术出版社着手编撰9卷本的大型图书《吴冠中全集》。通常，将某人一生的全部作品整理出版，才能称为全集。为健在画家出版全集，是湖南美术出版社在国内的首创。其原因除了他是当代中国最具代表性的艺术家之外，还因为他的作品市场火暴引发伪作频出。在《全集》的编撰过程中就发现，海内外的应征作品里既有许多上乘之作，也有不少赝品，有的几乎可以乱真。由于入编者均由吴冠中本人亲自甄别，《全集》为购藏者辨明真伪提供了最全面、最权威的资料保障。吴冠中以独特的方式，展开了一场迂回的"打假战"。

经过 2 年多的辛劳,《吴冠中全集》于 2007 年面世。它的市场效果如何呢?

算得上立竿见影。笔者统计了徐悲鸿、刘海粟、林风眠、赵无极 4 位大画家 2000~2009 年的作品拍卖数据,以他们作为参照,来考察《吴冠中全集》出版使吴冠中作品市场数据发生的变化。因为 4 位画家与吴冠中同属于老油画家板块,并且都兼擅油画和中国画,赵无极与吴冠中又同毕业于"杭州艺专",很有可比性。

比照如下:

从图 45-1 可以看到:2005 年,吴冠中作品的上拍量达到峰值,是 4 位画家均值的 1.6 倍;而至 2007 年,吴冠中作品的上拍量大幅降低,仅为 2005 年的 55%,比 4 位画家均值低 14%,下降趋势到 2009 年仍在延续。从图 45-2 可以看到:2005 年,吴冠中作品的成交量也达到峰值,是 4 位画家均值的 1.7 倍;而至 2007 年,吴冠中作品的成交量下降至 2005 年的 53%,比 4 位画家均值低 8%,下降趋势延续到 2008 年。与上拍量和成交量在 2007 年低于 4 位画家的均值相反,2007 年吴冠中作品的总成交额和均价却大大高于均值。从图 45-3 可以看到,2007 年吴冠中作品总成交额是 4 位画家均值的 1.6 倍。从图 45-4 可以看到,2007 年吴冠中作品均价是 4 位画家均值的 1.8 倍,也是他个人作品均价 10 年间的最高,为 2005 年的 1.5 倍。

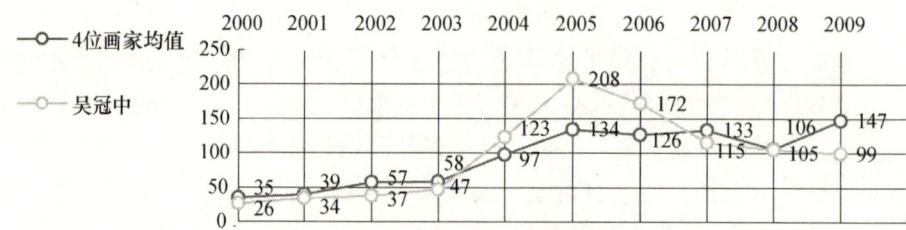

图 45-1　2000~2009 年吴冠中与 4 位画家作品平均年上拍量比照(单位:件)

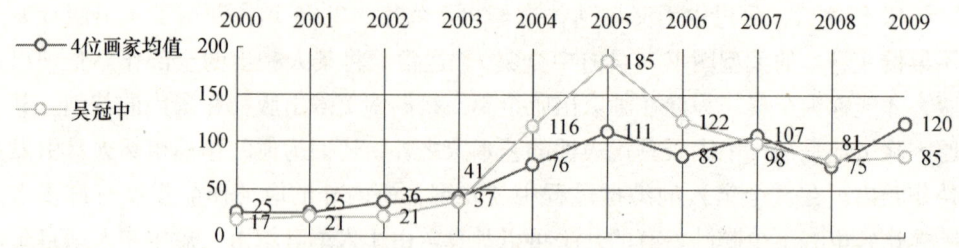

图 45-2　2000~2009 年吴冠中与 4 位画家作品平均年成交量比照(单位:件)

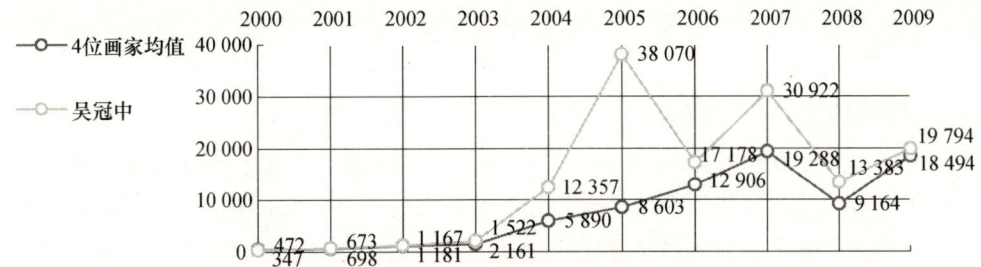

图45-3　2000~2009年吴冠中与4位画家作品平均年总成交额比照（单位：万元人民币）

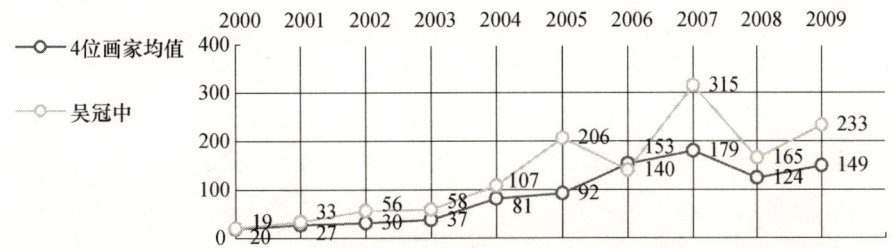

图45-4　2000~2009年吴冠中与4位画家作品平均年均价比照（单位：万元人民币）

2007年成为吴冠中作品行情的转折点，最关键的因素是《吴冠中全集》的出版。

因为吴冠中亲自鉴定的《全集》出版，使曾经猖獗的伪作无法再到拍场招摇，这是上拍量和成交量降低的主要原因。同时，因为有《全集》作依据，大大提高了持有真品的藏家和进场买家的信心，这是均价和总成交额抬升的主要原因。吴冠中事事敢为天下先，他生前完成的《全集》帮他完成了"决不让谬种流传"的夙愿。在他去世之后，《全集》将会显示出越来越重要的意义。

吴冠中的确示范了一条可行的打假之路。

相关资料链接：

1　吴海民《揭秘吴冠中画〈炮打司令部〉的弥天大谎》《中国版权备忘录》华艺出版社2008年版
2　杨步月《六类"专家"搅乱鉴定市场》《解放日报》2010-01-05
3　徐建融《书画市场与鉴定答客问》中华收藏网
4　《吴冠中〈长江万里图〉的现代精神及国宝价值》《中国美术》2007-01
5　潮涌《吴冠中两焚画作》《人物周报》2002-09-13
7　吴冠中《目送飞鸿——〈吴冠中全集〉自序》《美术研究》2007-02

8　邹建平《〈吴冠中全集〉的编辑工作》《美术之友》2007-06

☆延伸阅读：《吴冠中全集》

2004年金秋10月，湖南美术出版社2005年度选题论证会在美丽的湖南平江盘石山庄召开，会上，青年编辑黄啸提出了给吴冠中先生出版全集的构想，并在会上提交了《吴冠中全集》选题详细的策划方案。

吴冠中先生是20世纪中国当代杰出的艺术家，他的艺术作品享誉海内外。作为一家专业的美术出版社，能有机会为代表我们这个时代的杰出艺术家出版全集，应该是出版社的责任和荣誉，也是每一个出版人的文化理想。而且吴冠中先生还健在，收录的每一件作品都可以通过画家审定，这样可以保证全集中作品的真实性和权威性。但《吴冠中全集》的编辑也是一项艰巨的工程，因为吴先生是在世画家中作品数量巨大而且作品风格多变的画家，作品收藏分散于海内外各地，还因为吴先生创作之流源源不绝，艺术面貌日新又新，而国内美术界对吴先生的艺术风格、艺术观念的把握还在试探和琢磨之中……但从学术研究的角度看，这种格局恰是今天编辑、出版《吴冠中全集》的学术意义所在。

从2004年开始，从构想到最后付梓出版，湖南美术出版社经过了两年零十个月的艰辛工作。从主编至执行主编、各分卷主编、有关责任编辑、责任校对、设计与装帧、英文翻译、出版与印制等有关人员，以及所有与《全集》编辑出版有关的工作人员，都付出了艰辛和努力。在岗位上，大家不以案牍劳形为苦，伴随着许多个不眠之夜、不灭的灯，伏案执笔、埋头苦干，为《全集》的出版锦上添花、拾遗补阙、精雕细刻、一丝不苟。《吴冠中全集》整体呈现了编辑人勤奋敬业的艺术素养和文化理想。在一件件作品背后，见到的是一个个辛勤劳作的身影，在此感谢大家的致力合作。

今天，这套承载着太多理想与期待的《吴冠中全集》以它别具一格的品质呈现在世人面前。《吴冠中全集》共分9卷（作品卷8卷，文集1卷），406个印张，共收入了吴冠中先生各个时期各种风格的代表作品2 048件，收入其与艺术相关的文论随笔共228篇，全景式地展示了吴冠中先生的艺术传承与创新过程。它的出版，不仅对吴冠中艺术的研究、欣赏和鉴藏有重要意义，而且对中国近百年美术史的研究整理、对中国当代艺术的发展也将产生深远的影响。

（摘自邹建平《〈吴冠中全集〉的前前后后》）

虚假鉴定，为什么频频现身

☆ 认识误区之46："鉴定师和鉴定机构可以信赖"
☆ 投资必备要诀：去鉴定艺术品之前，先弄清鉴定师的真伪。
☆ 阅读关键词汇：央视315·鉴定师·信息不对称·道德风险

艺术品的真伪优劣对于投资者至关重要，但目前鉴定行业的混乱却令人忧心。

央视2011年"315晚会"曝光了一批参与虚假鉴定的拍卖公司、鉴定公司，他们个个能够"变废为宝"。央视记者拿着从潘家园用100～300元买来的高足杯、康熙款瓶、齐白石款画，连续走访了北京的几家鉴定机构。尽管它们被鉴定师一眼就断为廉价仿品，但在开过鉴定证书后，都成了价值不菲的文物。某拍卖公司分别以1 000元钱的鉴定费，给高足杯开具了"大明成化"证书，给齐白石款画开具了"齐白石本人画作"证书。在某文物鉴定中心，收13 600元鉴定费，可以给康熙款瓶开具"清康熙"证书。

鉴定师敢于信口雌黄，是因为鉴定行业内外存在着"信息不对称"。

经济学认为：信息是有价值的资源，人们获得信息往往需要付出一定成本。因为市场上不同交易者获取信息的成本不同，造成了信息水平的差异，这就是信息的不对称。现实经济中的信息不对称普遍存在，所谓隔行如隔山，行业越特殊信息不对称就越明显，外行获取信息付出的成本也越高。在文物鉴定行业，鉴定者多依赖丰富的经验，是极为高深神秘的职业。高水平的鉴定师大多由师徒相传，需要经过行内十几年甚至几十年的磨炼，才具有了凡人不及的火眼金睛。

严重的信息不对称,很容易导致利益分配的失衡。

经济学认为,信息可以影响交易者的预期,进而影响他们的交易选择。信息不对称让交易双方处于不平等地位,所导致的严重问题之一是"道德风险",即信息优势一方可能采取弱势一方无法观测和监督的隐藏行动,损人利己。因为200元买来的瓶子被鉴定师冠以"康熙"后,市场价可达百万,而100元买来的高足杯被冠以"成化"后,市场价格号称千万。所以,丧失职业操守的鉴定师为赚取高额鉴定费,随意出具证书,更有骗子扮成鉴定专家肆意敛财。

鉴定"道德风险"的承受者,首先是买家。

北京那家拍卖公司的鉴定师道出了个中奥妙:"卖给似懂不懂的人,别卖给特别懂的人。"由于近年的艺术品市场急速趋热,很多人为追逐高额投资回报涌入其中,一些根本没有鉴别知识的人,却希望侥幸捡漏。强大的市场需求,给造假者提供了用武之地,而鉴定证书成了标明文物艺术品身份的凭证,被收藏者盲目相信。有限的权威鉴定机构难以应对庞大的鉴定需求,使信息不对称更为显著,使鉴定师更为受宠。在屡见不鲜的贩假事件中,虚假鉴定成了重要帮凶。

虚假鉴定不仅能让不懂行的买家受骗,也能让外行的卖家上当。

一些不良拍卖公司出具虚假鉴定的同时,还会鼓动收藏者参加它们组织的拍卖。某位收藏者陆续拿出10件紫砂壶到某拍卖公司估价,他当初买时花费仅几千至几万元,此时价估竟高达几十万元。按要求,他支付了1万余元的手续费,将藏品交给该公司保管。另一位收藏者花几百元买的字画,在该拍卖公司的估价也高达50万元。拍卖行以鉴定为名骗取服务费的把戏曾被媒体曝光,但至2011年初仍在上海现身,可见虚假鉴定迷惑力之大。

防范"道德风险"的方法,是建立监督机制。

有效的监督机制,可以迫使掌握信息者不敢为所欲为。中国消费者协会律师团团长邱宝昌说:只有在文物主管部门备案的专门文物鉴定机构和人员,才具备文物鉴定资质,才可以从事文物鉴定工作。北京邦道律师事务所主任高级律师武绍智认为:不具备鉴定资质的公司为藏品进行鉴定并实施拍卖,已构成非法经营,而故意高估价格以收取鉴定费,已涉嫌欺诈。但是,由于目前法规民间文物鉴定的责任并不明确,民间文物鉴定行业极不规范。据文物部门的调查,在某地的80余家文物鉴定中介机构中,经工商部门注册的只有30%。其中的从业者既有国家鉴定机构人员,也有仅在培训班学习过几天的冒牌货,鉴定水平和道德素质良莠不齐。

央视"315晚会"曝出的只是鉴定行业的冰山一角。因为收藏与鉴定之间的信息不对称难以克服，而监督机制的健全尚需时日，虚假鉴定自是难以治愈的伤痛。

相关资料链接：
1 张永恒《谁来规范艺术品鉴定》《人民日报（海外版）》2011-04-15
2 《3·15在行动：专家称虚假艺术品鉴定涉及违法》CCTV财经频道2011-03-18

☆延伸阅读：混乱的艺术品鉴定

一方面，老百姓迫切需要了解购买的是否为真品；另一方面，一些赝品只要经过所谓权威机构、权威人士的鉴定"漂白"，就会披上真品的外衣，堂而皇之地流入正规交易市场。现在艺术品鉴定证书已经泛滥成灾。一些鉴定机构、鉴定中心为了能够收取费用，一般都鼓励文物艺术品收藏者、投资人开鉴定证书，通过鉴定证书收取鉴定费。

北京华辰拍卖有限公司董事长甘学军说："既然是鉴定，就应该有真品鉴定证书和赝品鉴定证书，但事实上，市面上都是真品鉴定证书。"于是出现只要给鉴定费就开证明的情况。许多拍卖公司都害怕看到这种证书。甘学军说："我们过去的经验证明，凡是拥有鉴定证书送来拍卖的艺术品，一般都是赝品。"

国家博物馆副馆长陈履生介绍，鉴定难一个重要方面在于目前很多专家都不是真正的专家。现实生活中，大量伪鉴定专家活跃在艺术品交易与鉴定市场。"有的专家被冠以极高的头衔，所谓世界某鉴定委员会主任。根据个人经验，一看到这类头衔，我都认为存在伪专家嫌疑。目前各大电视台出现的民间鉴宝节目，出现的所谓权威专家，连圈内人都不认识他们。"

既然鉴定专家队伍混乱，是否有法律法规对鉴定行为进行约束和规范呢？一位在鉴定行业从业几十年的专业人士向记者坦陈："目前国内艺术品鉴定市场处于'三无'状态：无法律管、无机构管、无人管。鉴定者无需对鉴定行为负责，也不承担风险。"

（摘自罗彦、项楚卿《虚假鉴定何以大行其道》《人民日报》2011-09-09）

市场化的美术批评,为什么可能失效

☆ 认识误区之47:"美术批评家的文章都很可靠"
☆ 投资必备要诀:缺乏个性的美术批评,大多是被雇佣写作。
☆ 阅读关键词汇:收费批评·非价格竞争手段·广告·差异化

古代的许多美术批评,跟艺术品市场关系不大。

古人做美术批评,大多是正职之外的"余事"。《古画品录》是中国现存最早的绘画批评专著,它的作者南齐人谢赫便是"写貌人物,不俟对看,所须一览,便工操笔"的画家。《历代名画记》被誉为美术学的《史记》,它的作者唐人张彦远出身宰相世家,因为家藏法书名画极丰而精于鉴赏。我们读古人的美术批评,也很少用市场的眼光。《古画品录》虽然为27位画家评定了品级,但它最受后世敬仰的,是关于创作和批评的准则"六法论"。《历代名画记》虽然为370余位画家作传,但最被后世津津乐道的,是关于绘画源流、兴废、审美标准等的论述。

伴随着美术的市场化,如今的美术批评日益与市场挂钩。

美术批评市场化的最明显标志,是发生在1992年的"公约事件"。当时,国内30余位著名美术批评家在北京集会,就维护批评家权益达成共识,并订立公约。他们约定,应邀撰写评介文稿须收报酬,稿酬标准为每千字300元至800元。公约在美术界立刻引起强烈反响,争议至今不断。赞成者认为:批评家的评论同样是智力劳动,但他们所得报酬与付出极不相符,理应得到画家的润笔。反对者则认为:批评家撰写评论已得到杂志社的稿酬,没有理由再向画家收钱。问题的核心是，美术批评的市场化能否导致学术性的丧失。

美术批评被担心丧失学术性，主要因为它在很大程度上充当了"商业广告"。

在市场上，商业广告是一种重要的促销方式，它是以盈利为目的、利用媒体向目标市场传播产品信息。广告通过向消费者推介产品的价格、质量、功能、服务等，能够有效地分配市场信息、节约消费者的信息搜寻成本，从而刺激和引导消费者的购买行为。优秀的广告既有助于消费者迅速挑选到合意的产品，也能增加厂商的销量。中国美术批评在艺术品市场有很高的威望，批评家杨祥民就坚信：真正的理论是不为金钱所动、不为权势所屈的客观体系，真正的理论家是维持艺术界理性秩序、坚持艺术界评判原则的公正法官。因此，批评界发出的声音曾是艺术品市场的良好导向，是极受购藏者信服的宣传单。

在"垄断竞争"市场中，广告也是最有效的"非价格竞争手段"。

因为"垄断竞争"市场中的产品既有差别、又可相互替代，其差别越大，厂商的竞争力就会越强。广告是厂商实施"差异化策略"的必要选择。利用广告，厂商使自己的产品与竞争者区别开来，厂商甚至能利用广告"制造"产品差异，以唤起消费者的注意。成功的广告在增加销量的同时，还通过放大品牌差异，大大提高品牌的知名度。同样道理，美术批评家的深入分析，能让画家和作品鲜活起来，让他们具有了独特的美术史意义。这不仅促进了消费者的鉴赏力，也让市场中的优秀作品得到了较高价格。大部分画家正是凭借着批评家的文章，被市场认可，最终成为大腕以至大款。

凸显产品的独到之处，显然是"差异化广告"生效的关键。

不过，作为"差异化广告"的美术批评，差异正在萎缩。2010年底，在上海作协举行的"关注艺术批评"研讨会上，多位专家对美术批评颇为不满，指责有的批评家一味评功摆好。批评家毛时安认为：一些大名鼎鼎的美术评论家，文章基本上千人一面，缺乏个性和独到见解。美术批评雷同的原因，是艺术市场化之后，许多批评家与艺术策展人、画商、经纪人合作，将批评由神圣的学术研讨变成平庸的商业活动。一些批评家甚至在商业的裹挟下，变成了只会叫好的"表扬家"。这正好犯了广告"不能千篇一律"的大忌。

对于"非差异化"的广告，最苦恼的是购藏者。

收藏家郭庆祥抱怨，现在好的藏家买不到好作品，因为红包评论泛滥，大量恶劣作品被推荐出来，蒙骗了藏家。由于听不到中肯的批评，收藏者在判断艺术品是否有价值、价值几何时，找不到方向，盲目跟风上当者大有人在。然而，面对"非差异"的批评，人们除了愤慨只有无奈。毕竟，中国艺术市场距离"不

信广告、信疗效"的日子还很远。

相关资料链接：
1 王学亚、李霖波《〈古画品录〉与〈宋朝名画评〉的比较》拙风文化网
2 刘晓陶、黄丹麾《关于美术批评市场化的反思》《批评家》2008-09
3 郦亮《艺术评论家脊梁受质疑，被指收红包只说好话》《青年报》2010-12-25

☆延伸阅读：美术批评乱象

近年来，绘画圈内人士对当前的美术批评深表担忧。无论是何人办画展、出画集，都可在一些媒体上冠以"著名画家"、"××大家"、"××大师"之名，而且溢美之词比比皆是，有的甚至还令人作呕。于是，"名家"、"大师"满天飞，美术批评失去了底线和评判的标准。观众面对令人眼花缭乱的评论文章也无从辨别真假"李逵"，美术批评的公信力受到了冲击。

前不久，笔者在参加江苏省美协举办的"建党90周年书画展"上遇见了一位多年不见的老乡。早前曾听说此君退休后迷上了绘画，还花了几万元去北京的一所美术学院进修山水画，拿了个研修证书。如今此君红光满面、神采奕奕，拿出新出版的个人画集给笔者欣赏。书中的序不乏大量的溢美之词，还有"著名画家"之称。翻阅之余，笔者非常敬佩他的求学精神，但对"著名画家"的称号和他的画作却不敢恭维。临走前，他还神秘地告诉笔者，画集的序是他花钱请一位小有名气的评论家写的；这年头儿要出名也不难，花些钱找几位评论家，写几篇赞美的文章，在媒体上炒作一下就可以了。

花些钱找几位评论家写文章宣传在当前的美术界不是一件新鲜事，这反映了当前美术界的乱象。在利益的诱惑下，具有严肃性、学术性的美术批评正在逐步淡化、时尚化，赞美型、软广告式的"人情稿"充斥在各种展览画册、报刊中，有些更是拍马屁、搞肉麻的恶心吹捧，鲜有见解独到、能真正体现美学价值的"真批评"。其实，美术批评本来就应该有"评"、有"批"，而不是一味地"唱赞歌"、当"吹鼓手"。作品能够被批评，说明它在一定程度上受到了社会的关注。也正因为作品受到关注，产生了不同的观点，才便于创作者去总结和进一步完善，才有利于艺术创作的不断发展。

（摘自邹凌《略谈当前美术批评的公信力》《中国书画报》2011-068）

第六章　顺应艺术市场复杂环境

艺术品市场立法，为什么难以根治顽疾

☆ 认识误区之48："艺术品市场重重乱象的根本原因，是立法的滞后"
☆ 投资必备要诀：不要对艺术品市场立法寄予厚望，建立维权意识才是根本。
☆ 阅读关键词汇：有法可依·立法现状·执法必严·违法必究

所谓"不以规矩，无以成方圆"，立法的目的，是为了"有法可依"。在1978年中共十一届三中全会确定的社会主义法制建设"四句十六字"方针里，"有法可依"位列其首。面对艺术品市场重重乱象，许多人认为，其根本原因是立法的滞后。早在2004年，有关部门便向国务院法制办提交了《艺术品经营管理条例》草案，2008年开始，文化部会同国务院法制办等部门制定《艺术品经营管理条例》。2011年，艺术品市场立法正紧锣密鼓、呼之欲出。

目前的艺术品市场，当真无法可依吗？

非也。中国艺术研究院艺术管理学博士赵书波在《中国艺术立法的现状》一文中，详细整理了国内与艺术品交易有关的法律，包括《刑法》以及民商法系的《民法通则》、《物权法》、《合同法》、《著作权法》等，经济法系的《拍卖法》、《反不正当竞争法》、《消费者权益保护法》、《文物保护法》等17部。此外，还有大量规范艺术活动的行政法规如《传统工艺美术保护条例》、《著作权法实施条例》、《水下文物保护管理条例》等，以及部门规章如《美术品经营管理办法》、《文物进出境审核管理办法》、《文化市场行政执法管理办法》等共19部。

依照赵书波的分析，许多艺术品市场乱象在上述法律法规中，都有所规范。

比如关于风行的"假拍",《拍卖法》第37条规定:竞买人之间、竞买人与拍卖人之间不得恶意串通,损害他人利益。第65条规定:违反第37条规定的,拍卖无效,应当依法承担赔偿责任。由工商行政管理部门对参与恶意串通的竞买人处最高应价10%以上、30%以下的罚款;对参与恶意串通的拍卖人处最高应价10%以上、50%以下的罚款。

对于屡见不鲜的赝品问题,《反不正当竞争法》第5条规定:经营者不得擅自使用他人的企业名称或者姓名,引人误认为是他人的商品从事市场交易,损害竞争对手。《刑法》第217条规定:以营利为目的,制作、出售假冒他人署名的美术作品,违法所得数额较大或者有其他严重情节的,处3年以下有期徒刑或者拘役,并处或者单处罚金;违法所得数额巨大或者有其他特别严重情节的,处3年以上、7年以下有期徒刑,并处罚金。

被赝品侵害的消费者,则可以通过《消费者权益保护法》维权。《消法》第19条规定:经营者应当向消费者提供有关商品或者服务的真实信息,不得作引人误解的虚假宣传;《消法》第40条规定:经营者提供商品不具备商品应当具备的使用性能而出售时未作说明的,应依照《产品质量法》和其他有关法律、法规,承担民事责任;《消法》第49条规定,经营者提供商品或者服务有欺诈行为的,应当按照消费者的要求赔偿其受到的损失,金额为消费者购买商品的价款或者接受服务费用的1倍。

但遗憾的是,这些现成的法条在现实中并没有彻底执行。

与国内对艺术品市场立法期以重望不同,在许多西方发达国家,政府并不直接插手艺术品市场。文化部市场司综合处处长李蕊在《艺术立法现状解析:以德国、法国、瑞士、英国为例》一文述及,德、法、英都没有关于文化或艺术品市场管理的法律。甚至对拍卖公司,英国不仅没有明确的政府主管部门,而且设立拍卖企业不必领取营业执照,其从业资质也没有最低界限。在德国,如果艺术品作为真品售出,被查证为赝品后,买家可以依据民法典取消合同,收回货款或要求减价。

可见,中国艺术品市场急需的不仅是"有法可依",更是"违法必究"和"执法必严"。

韩非子在《五蠹》中说:"主施赏不迁,行诛无赦;誉辅其赏,毁随其罚,则贤、不肖俱尽其力矣。"大意是:君主实施奖赏不改变,执行责罚不赦免,称誉辅助奖赏,责骂伴随处罚,那么有才德的和不成材的人就都会竭尽全力。在第十一届全国人大第四次会议期间,全国人大常委会法制工作委员会副主任李飞也谈到:"天下之事不难于立法,难于法治行之。"无疑,艺术品市场立法即便顺利出台,也很难让乱象药到病除,它只是在艺术品市场法制化道路上迈出的一小步。

相关资料链接:
1 《〈艺术品经营管理条例〉要出台》博宝艺术网 2008-03-24
2 赵书波《中国艺术立法的现状》《艺术与投资》2009-02
3 李蕊《艺术立法现状解析:以德国、法国、瑞士、英国为例》《艺术与投资》2009-02

☆延伸阅读:中国艺术立法

中国与艺术有关的立法主要分布民商法、经济法、刑法三个领域。民商法系统中主要有《民法通则》、《物权法》、《合同法》、《担保法》、《著作权法》、《商标法》和《公司法》。经济法体系中主要有《拍卖法》、《反不正当竞争法》、《消费者权益保护法》、《税收征收管理法》、《个人所得法》、《企业所得法》、《公益事业捐赠法》、《劳动法》、《文物保护法》。刑法主要是《刑法》第二百一十七条和第二百一十八条及妨害文物管理罪的规定。

除法律之外,我国尚存在大量的行政法规来规范艺术领域的活动。主要行政法规有:《传统工艺美术保护条例》、《印刷业管理条例》、《进出口关税条例》、《著作权法实施条例》、《信息网络传播权保护条例》、《公共文化体育设施条例》、《著作权集体管理条例》、《水下文物保护管理条例》、《文物保护法实施细则》、《文化事业建设费征收管理暂行办法》、《出版管理条例》。

主要的部门规章有:《美术品经营管理办法》、《艺术档案管理办法》、《文物进出境审核管理办法》、《文化产品和服务出口指导目录》、《文化市场行政执法管理办法》、《互联网著作权行政保护办法》、《文化市场稽查暂行办法》、《文化行政处罚程序规定》。

(摘自赵书波《中国艺术立法的现状》《艺术与投资》2009-02)

附录

刘晓丹发表主要论文

一、《艺术市场》

01	《美术学研究对近现代中国画价格排名的影响》	《艺术市场》2006-02
02	《中国画市场，审美或逐利何去何从？》	《艺术市场》2006-03
03	《重新审视中国油画的价值》	《艺术市场》2006-06
04	《著录左右艺术市场何时止？》	《艺术市场》2006-07
05	《关注当代的"石渠宝笈"——中国国家美术展览获奖作品的市场价值》	《艺术市场》2006-10
06	《美术批评，是否可以商业化？》	《艺术市场》2006-12
07	《对"商业化美展热"的冷思考》	《艺术市场》2007-01
08	《商品画：须刮目相看》	《艺术市场》2007-02
09	《绘画拍卖市场：何以越级？》	《艺术市场》2007-03
10	《金钱在"强暴"艺术么？》	《艺术市场》2007-04
11	《开启油画购藏门户：中国的美术学院》	《艺术市场》2007-05
12	《是谁掌管艺术品的定价大权？》	《艺术市场》2007-07
13	《绘画投资者与收藏家距离多远？》	《艺术市场》2007-08
14	《〈物权法〉：对艺术市场意味着什么？》	《艺术市场》2008-01
15	《艺术品拍卖：玩的就是泡沫！》	《艺术市场》2008-02
16	《读中国美院，鉴藏"浙军"油画》（上）	《艺术市场》2008-03

17	《读中国美院,鉴藏"浙军"油画》(下)	《艺术市场》2008-04
18	《惹火2007年拍场的27位千万级中国油画》	《艺术市场》2008-06
19	《股市走"熊"后,艺市怎样?》	《艺术市场》2008-07
20	《"鲁美"油画:值得期待的价值洼地》	《艺术市场》2008-10
21	《"艺术"与"市场":由对抗走向融合》	《艺术市场》2009-02

二、《中外文化交流》

22	《解密千万级中国油画》	《中外文化交流》2008-05
23	《"两极化"艺术市场模式,催生专门化人才需求》	《中外文化交流》2009-02
24	《徐悲鸿:中国艺术市场的首指》	《中外文化交流》2009-04
25	《吴冠中:市场的神话》	《中外文化交流》2009-07
26	《神来之笔化合中西:寻踪华人油画家赵无极艺术轨迹》	《中外文化交流》2009-08
27	《林风眠:为艺术的人生》	《中外文化交流》2009-09
28	《刘海粟:沧海胸怀丹青一粟》	《中外文化交流》2010-01
29	《从"历史肖像"到"新古典主义":当代油画大师靳尚谊作品与市场》	《中外文化交流》2010-05

三、《艺术与投资》(专栏"刘晓丹品读"、"封面人物")

30	《空穴来风,还是山雨欲来?——从国外"热卖"透视中国当代艺术市场》	《艺术与投资》2006-12
31	《王广义:"背"与"返"之间的徜徉》	《艺术与投资》2007-01
32	《"翻版?!"——从张晓刚的"波普风"看中国"前卫"艺术的学术价值》	《艺术与投资》2007-02
33	《还"前卫"吗?——方力钧"玩世风"遭遇"后卫"市场》	《艺术与投资》2007-03
34	《岳敏君:从"草莽"之间到"殿堂"之上》	《艺术与投资》2007-04
35	《刘小东:得宠的"新生代"与爆棚的"新学院"》	《艺术与投资》2007-05
36	《夏俊娜:中国百年油画的"终曲"与本土画廊运作的"先河"》	《艺术与投资》2007-06
37	《陈丹青:冲进撞出的"围城"》	《艺术与投资》2007-07
38	《罗中立:都市里的乡土守望》	《艺术与投资》2007-08
39	《陈逸飞:继续浪漫的英雄情结》	《艺术与投资》2007-09
40	《靳尚谊:"古典"绘画面对当代市场》	《艺术与投资》2007-10
41	《从展场到拍场——"川军"的市场之旅》	《艺术与投资》2007-10

42	《王沂东：实力集聚在中国景象之间》	《艺术与投资》2007－11
43	《艾轩：生命荒原中的凄美行吟》	《艺术与投资》2007－12
44	《方力钧：一个打了15年的哈欠》	《艺术与投资》2008－01
45	《毛焰："意义"的边缘与"边缘"的意义》	《艺术与投资》2008－02
46	《张小涛：何时重生？》	《艺术与投资》2008－03
47	《董文盛：悬疑的湖石？》	《艺术与投资》2008－04
48	《尹朝阳："市场化"了之后》	《艺术与投资》2008－05
49	《石冲：且隐且现的"大景观"》	《艺术与投资》2008－06
50	《季大纯：奇巧拼图》	《艺术与投资》2008－07
51	《赵能智："魅象"与"魅意"》	《艺术与投资》2008－08
52	《屠宏涛：蜕变的城市山水》	《艺术与投资》2008－09
53	《李邦耀：重建"波普"》	《艺术与投资》2008－10
54	《王亚彬：心原漫记》	《艺术与投资》2008－12
55	《中国美院"具象表现绘画"源流及市场概述》	《艺术与投资》2009－12

四、《美术报》（专栏"晓丹市评"）

56	《美术世界里的利来利往》	《美术报》2009－05－16
57	《马未都，你为什么这样"红"？》	《美术报》2009－05－30
58	《赵无极绘画能否顺利登陆内地市场？》	《美术报》2009－06－13
59	《徐悲鸿作品价格的"金字塔"型结构，从何而来？》	《美术报》2009－07－04
60	《当代绘画市场中的"时装"和"名表"》	《美术报》2009－07－11
61	《美术创作：何必讳称"美术生产"？》	《美术报》2009－07－25
62	《哪类画家在艺术市场获利最大？》	《美术报》2009－08－08
63	《沉没成本："职业画家"的门槛和壁垒》	《美术报》2009－08－22
64	《官办画院：可否成为中国画坛的"特殊企业"？》	《美术报》2009－09－12
65	《大芬式油画："完全竞争"条件下的牺牲品》	《美术报》2009－09－26
66	《垄断竞争：画家勇于创新的真实理由》	《美术报》2009－10－10
67	《中国艺术拍卖企业，距离"垄断寡头"有多远？》	《美术报》2009－10－24
68	《"代理制"画廊，为什么在国内步履艰难？》	《美术报》2009－11－14
69	《画廊里为什么存在"价格歧视"？》	《美术报》2009－11－21
70	《绘画价格暴涨，能否增加绘画产业的总收益？》	《美术报》2009－12－12
71	《为什么中国艺术市场只是"头部发烫"？》	《美术报》2009－12－19
72	《中国的艺术品需求能否在近年爆发？》	《美术报》2010－01－09
73	《为什么一些画家喜欢另类装扮？》	《美术报》2010－01－30

74	《资源稀缺,是当代艺术价格暴涨的原因吗?》	《美术报》2010-02-06
75	《"亿元时代"为什么从中国古代书画开始?》	《美术报》2010-03-06
76	《为什么艺术品的拍卖估价与成交价,相差悬殊?》	《美术报》2010-03-20
77	《书画造假 VS "鸵鸟垄断",谁负谁胜?》	《美术报》2010-04-03
78	《面对市场暴利当代艺术家为什么心态平和?》	《美术报》2010-04-24
79	《为什么画廊乐于经营"新锐"画家?》	《美术报》2010-05-01
80	《吴冠中:最大的"社会经济福利"创造者》	《美术报》2010-05-15
81	《取消上限:古代书画价格暴涨的另一个原因》	《美术报》2010-06-12
		《中国文化报》2010-06-24
82	《大众投票,能否选出具有市场潜力的画家?》	《美术报》2010-07-03
83	《画家创新的"技术溢出",谁来保护?》	《美术报》2010-07-17
84	《艺术品质押融资:风向何方?》	《美术报》2010-07-31
85	《中小型私立博物馆:谁来买单?》	《美术报》2010-08-14
86	《马未都:"收藏外部效应"的持久制造者》	《美术报》2010-08-21
87	《民营美术馆能成为"公共物品"吗?》	《美术报》2010-09-18
88	《拍卖市场能避免"公地悲剧"吗?》	《美术报》2010-10-02
89	《当代画家何时开采自己的作品资源?》	《美术报》2010-10-23
90	《地租暴涨,谁来收藏自由艺术家群落?》	《美术报》2010-10-30
91	《4 000 万双新鞋换回 1 只老瓷瓶,是否划算?》	《美术报》2010-11-27
92	《艺术品资产的增值率,到底多大?》	《美术报》2010-12-04
93	《画家的"纵向一体化",能走多远?》	《美术报》2011-01-15
94	《作为"差异化广告"的美术批评,能否生效?》	《美术报》2011-02-05
95	《艺术品捐赠中的"免费经济学"》	《美术报》2011-03-19
96	《用理性"定价决策"规避委托拍卖骗局》	《美术报》2011-04-02
97	《份额化艺术品投资:摇钱树,还是柠檬果?》	《美术报》2011-04-23
98	《尤伦斯清仓:当代艺术购藏能否进入"囚徒困境"?》	《美术报》2011-05-07
99	《虚假鉴定:难解的"信息不对称"之痛》	《美术报》2011-06-04
100	《"中拍协"自律公约:遮羞布?还是座右铭?》	《美术报》2011-06-18
101	《"回流艺术品"的捧家,猎豹?还是群羊?》	《美术报》2011-07-09
102	《信息弱势,让拍卖行苦于"拍后拒付"》	《美术报》2011-07-16
103	《艺术品假拍盛行,谁之过?》	《美术报》2011-08-27
104	《艺术品市场立法,更需执法必严》	《美术报》2011-09-17
105	《艺术品金融化:一场豪赌正在开局》	《美术报》2011-10-15

五、《休闲·顶层》(专栏"晓丹市点")

106	《刘虹:"凝琼"与"点缀"》	《休闲·顶层》2008-12

107	《"出口转内销"：上天，还是入地?》	《休闲·顶层》2009-01
108	《"拐点"中的千万元级油画拍品》	《休闲·顶层》2009-05
109	《老油画市场"三巨头"与"三群落"概述》	《休闲·顶层》2010-08
110	《艺术品拍卖成交价格：能否与估价相合?》	《休闲·顶层》2010-10
111	《当代艺术的"短缺"能否继续?》	《休闲·顶层》2010-11
112	《破解艺术品价格的金字塔之谜》	《休闲·顶层》2011-01
113	《评估吴冠中》	《休闲·顶层》2011-01
114	《艺术品市场的板块轮动》	《休闲·顶层》2011-02
115	《艺术品能否成为真正的资产?》	《休闲·顶层》2011-04
116	《艺术市场中的奢侈品、正常品及劣质品》	《休闲·顶层》2011-05
117	《评估刘小东》	《休闲·顶层》2011-06
118	《艺术品市场的未来，测得准吗?》	《休闲·顶层》2011-06
	《艺术市场未来怎能预测?》	《中国文化报》2011-08-18
119	《拍卖巨头"虚报门"如何收场?》	《休闲·顶层》2011-07、08
120	《"达芬奇"、"欧典"与回流艺术品》	《休闲·顶层》2011-09
121	《"国家标准"转制，艺术品评估谁主沉浮?》	《休闲·顶层》2011-10

六、其他

122	《"大中国画"视野与"中国油画"新价值观》	《收藏》2006-08
		《收藏界》2006-08
123	《油画市场的购藏时尚解析》	《收藏》2007-05
124	《徐悲鸿的油画艺术述评与市场分析》	《收藏》2009-05
125	《海峡那边的风景——台湾油画及市场的缘起与发展》	《收藏》2009-08
126	《台湾油画的五大重镇》	《收藏》2009-09
127	《当代画坛的最后一位大师——吴冠中的绘画与市场》	《收藏》2009-12
128	《叱咤海外饮誉国中——赵无极的绘画及市场评述》	《收藏》2010-05
129	《低吟浅唱合璧中西——民国时期女性油画家及市场述评》	《收藏》2010-08
130	《中墨西彩水陆兼程——吴冠中水墨画与油画市场概观》	《收藏》2010-10
131	《高歌勇进不让须眉——当代女性油画家及其市场述评》	《收藏》2010-11
132	《山河新貌红色交响——新金陵画派市场引人注目》	《收藏》2011-10
133	《从学术美展中国绘画市场的"名家精品"》	《收藏界》2007-01
134	《读"四川美院"，鉴藏西南板块油画》	《收藏界》2007-12
135	《美术史，收藏家如何面对》	《收藏界》2008-04
136	《从"物权法"的颁布实施，看中国艺术品市场的走向》	《收藏界》2008-05

137	《独领风骚的杭州艺专"老油画"》	《收藏界》2008-06
138	《"老浙美"油画鉴藏》	《收藏界》2008-08
139	《新版趋热,"当代艺术"市场步入下一轮回?》	《收藏界》2008-09
140	《永远的"愤青"——油画大家陈丹青的作品及市场》	《收藏界》2011-04
141	《故乡情·红色梦·东方韵——油画大家王沂东的作品及市场》	《收藏界》2011-07
142	《谁在塑造中国现、当代绘画的格局和市场板块?》	《收藏家》2006-11
143	《中国的画廊业缺位了吗?》	《东方艺术·财经》2008-01
144	《惹火2007年拍场的63件千万级中国油画》	《东方艺术·财经》2008-03
145	《当代艺术市场的下一站——"浙军"吗?》	《东方艺术·财经》2008-05
146	《当代艺术的流拍:与谁相关?》	《东方艺术·财经》2008-09
147	《审美或逐利何去何从?》	《文汇报》2006-04-10
148	《艺术品拍卖市场何以取代画廊业》	《文汇报》2007-05-06
149	《资本"操控"艺术,利耶?弊耶?》	《文汇报》2007-08-08
150	《吴冠中去后,谁来打假?》	《文物鉴定与鉴赏》2010-05 《中国文化报》2010-08-17
151	《波澜不惊,藏锋蓄势——2010年的中国当代油画市场》	《收藏投资导刊》2011-01
152	《"仁""智"兼见——评马健的〈收藏品投资〉》	《中国商界》2010-10
153	《由"技"及"艺"——崔全顺的绘画历程》	《中国名画家:崔全顺》2010
154	《陈根远的印章世界》	《文艺生活》2011-01
155	《2008年度千万元级中国油画盘点》	《鉴宝》2009-06
156	《三种商品画价值解析》	《民营经济报》2007-03-05 人大复印资料《投资理财》2007-05

后记

做成每件事情都需要很多机缘。

本书的完成,首先要感谢艺术品市场理论家马健先生。2009年,由于他的推荐,我有幸结缘《美术报》,开始写作专栏《晓丹市评》,着手用经济学原理解析艺术品市场与艺术品投资问题。然后要感谢《美术报》编辑崔艳女士,由于她的信任,使我坚持写作《晓丹市评》系列文章至今2年有余,其间得到过她提供的多个热点问题线索。这些是本书的基础材料。基础材料的成书,还要感谢经济日报出版社编辑部主任王含女士,她为本书的主线设置、结构安排、标题斟酌等,提出了许多宝贵建议。从我联络出版意向至签订出版协议,费时不足1个月,期间往来电子邮件和手机短信50余封,她工作效率之高令人叹服。最后要感谢妻子张达莉女士,在本书的前期写作和后期完善过程中,她给予了长期的鼓励和支持。

在本书中,借鉴了大量国内外经济学家、美术史评家、艺术品市场及艺术品投资专家的理论、观点,引用了大量期刊、网站发表的报道、数据,在此一并致谢!对个别无法查证出处的作者和媒体,深表歉意!

愿以此书多结天下有识之士,并恳请方家指正!

2011年10月28日于鞍山驿

图书在版编目（CIP）数据

艺术品投资的48个误区/刘晓丹著.
--北京：经济日报出版社，2012.1
ISBN 978-7-80257-380-2

Ⅰ．①艺…
Ⅱ．①刘…
Ⅲ．①艺术品-投资-基本知识
Ⅳ．①F830.59

中国版本图书馆CIP数据核字（2011）第244883号

书　　名：	艺术品投资的48个误区
作　　者：	刘晓丹
责任编辑：	王　含
责任校对：	韩会凡
出版发行：	经济日报出版社
地　　址：	北京市西城区右安门内大街65号（邮编：100054）
电　　话：	010-63567690　63568136　63567691（编辑部）　63567687（邮购部） 010-63538621　63588445　63559665　63516959　83558469（发行部）
网　　址：	www.edpbook.com.cn
E‐mail：	jjrbbjb@163.com
经　　销：	全国新华书店
印　　刷：	北京东海印刷有限公司
开　　本：	710×1000mm　1/16
印　　张：	13.50
字　　数：	220千字
版　　次：	2012年1月第一版
印　　次：	2012年1月第一次印刷
印　　数：	0001～5000册
书　　号：	ISBN 978-7-80257-380-2
定　　价：	35.00元

特别提示：版权所有·盗印必究　·　印装有误　·　负责调换